# 新幹線寫真書

用大圖片欣賞 0 系到最新 E8 系的各種塗裝

人人出版

# I N D E X



**本書的瀏覽方式**

# 全國的新幹線及列入「基本計畫」的路線

日本的新幹線路線遍及全國，自1964年東海新幹線開通以來，至2024年正好屆滿60週年。以下介紹的是營運中的新幹線、正在建設中的新幹線，以及已公布基本計畫但尚未決定整備計畫的新幹線路線。

而所謂的迷你新幹線，則是指拓寬在來線的軌距，讓同一輛列車可於新幹線和在來線間直通運行的系統。秋田新幹線和山形新幹線皆屬於迷你新幹線，但鐵道本身的鋪設規格為在來線。

營運中的新幹線
- 東海道新幹線
- 山陽新幹線
- 東北新幹線
- 上越新幹線
- 北陸新幹線
- 九州新幹線
- 北海道新幹線
- 西九州新幹線

營運中的迷你新幹線
- 山形新幹線
- 秋田新幹線

建設、延伸中的新幹線
- 磁浮中央新幹線
- 北陸新幹線
- 北海道新幹線

列入基本計畫的新幹線
- 北海道南迴新幹線
- 奧羽新幹線
- 羽越新幹線
- 北陸・中京新幹線
- 山陰新幹線
- 中國橫斷新幹線
- 四國新幹線
- 四國橫斷新幹線
- 九州新幹線
- 東九州新幹線
- 九州橫斷新幹線

# 營業列車

# E8系 Since2023

## G編組（JR東日本）

翼號

專為山形新幹線所開發的新在直通車輛。以 E6 系為基礎，車鼻長度縮短並增加座位數，最高時速可達 300 公里。除了在轉向架周圍安裝加熱器以防止積雪外，每個座位都備有插座。車體配色沿襲自 E3 系的「翼號」，由「鴛鴦紫」、「紅花黃」、「藏王白」構成，差別只在於沒有「紅花紅」。2023 年製造完成，經過各種測試後於 2024 年 3 月 15 日上路營運。

最高時速 ▶ 300km/h（新幹線）、130km/h（在來線）
編組輛數 ▶ 7 輛

於在來線區間的行駛性能與E6系幾乎無異，但為預防積雪，有在轉向架處安裝加熱器

車頭形狀與E6系同為箭線型，但車鼻長度較短，只有9公尺

山形新幹線原本使用最高時速為275公里的E3系。與E5系併結運行的E8系列車，在宇都宮～福島間的最高速度能提升至300公里，東京～新庄間最多可縮短4分鐘

設計理念為「打造出交織著豐富的風土與心靈的列車」。配色大多沿襲 2014 年以來的 E3 系列車。綠色車廂的內裝以「最上川和月山」為主題，普通車廂則是以「最上川和紅花」為主題

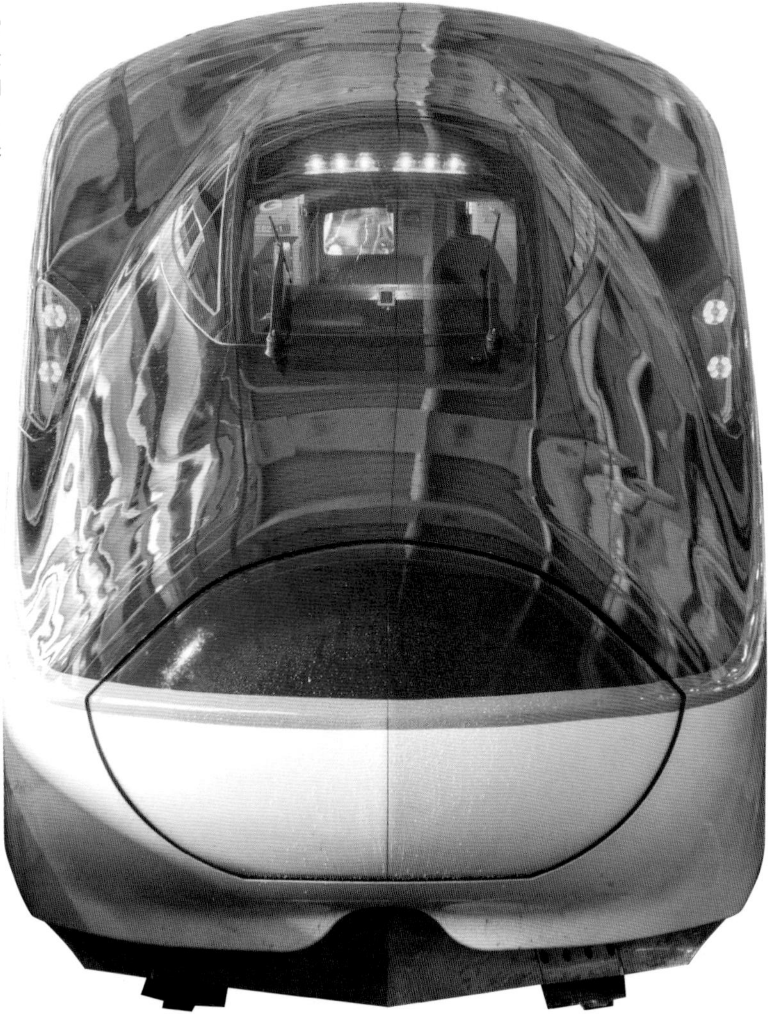

G1

JR E821-1

# E5系 since2009

## U編組（JR東日本）

隼號

疾風號

山彥號

那須野號

E5 系是為了在東北新幹線以 320 公里高速運行而開發的列車，「隼號」也和本系列同時問世。2011 年登場時的最高時速為 300 公里，2013 年將時速提升至 320 公里，成為日本速度最快的新幹線。

為確保高速通過彎道時的乘坐舒適性，導入車體傾斜裝置，全車搭載全主動式懸吊系統，並配置比綠色車廂更高等級的「頭等車廂」，致力於提供優質的搭乘環境。

最高速度▶ 320km/h
編組輛數▶ 10 輛

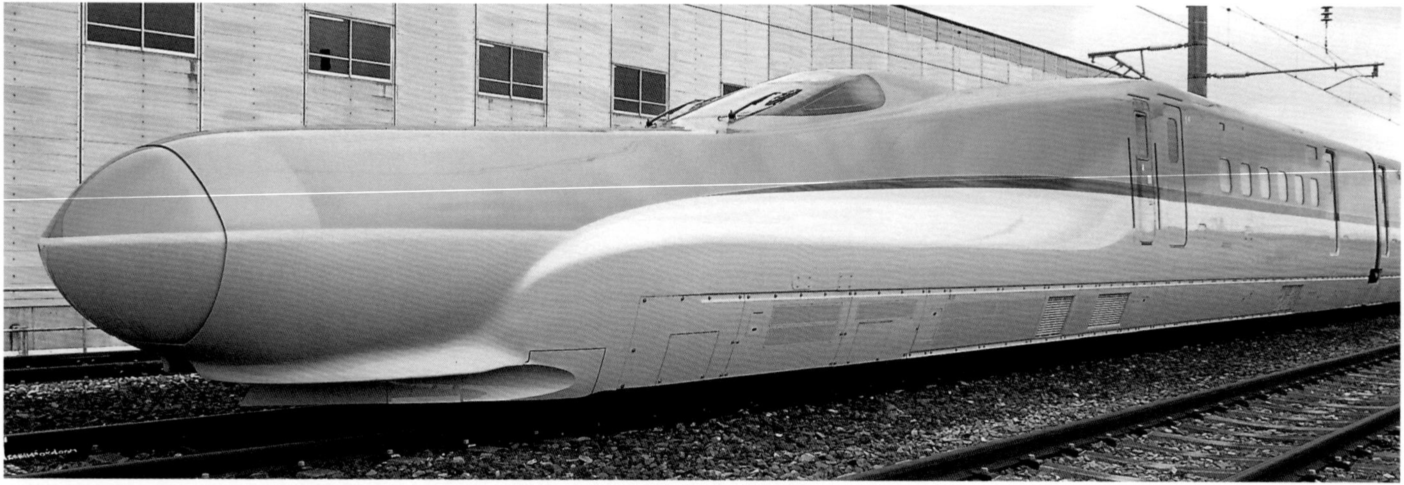

車鼻長 15 公尺，為 E5 系首次採用的雙尖頭形狀（箭線型的改良版），具有降低隧道微氣壓波的效果

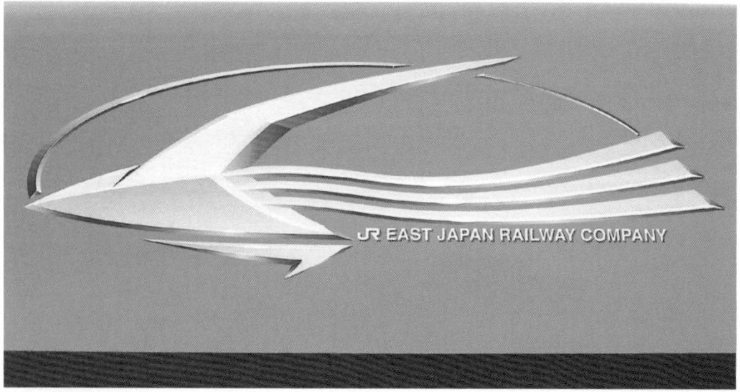


以隼鳥為藍本設計的「隼號」Logo，呈現出先進性與速度感。2009 年列車完工時尚無 Logo

往盛岡方向的車頭為了和其他列車併結運行，車鼻內備有可自動併結和分割的裝置

下半車身的「飛雲白」及側邊的「疾風粉紅」色帶與 E2 系等列車的配色相同。上半車身則為「常磐綠」，200 系以來的「綠色」又再度重回東北新幹線的代表色

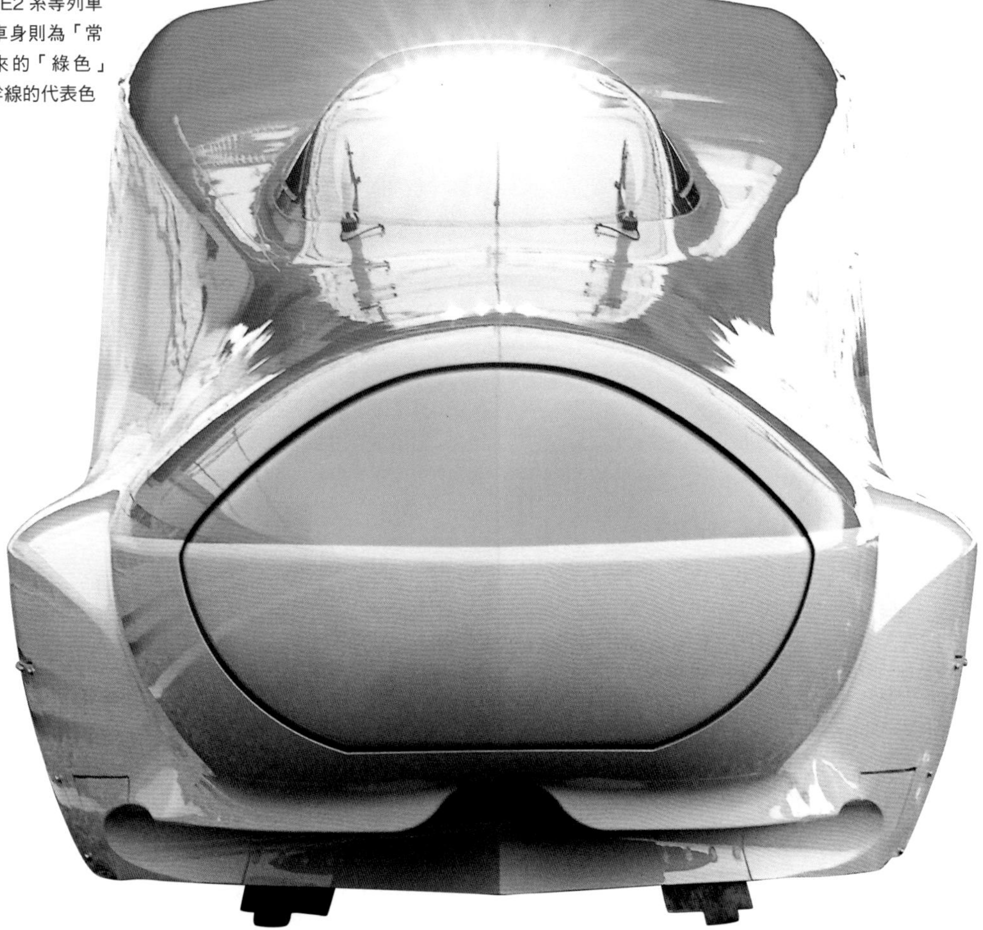

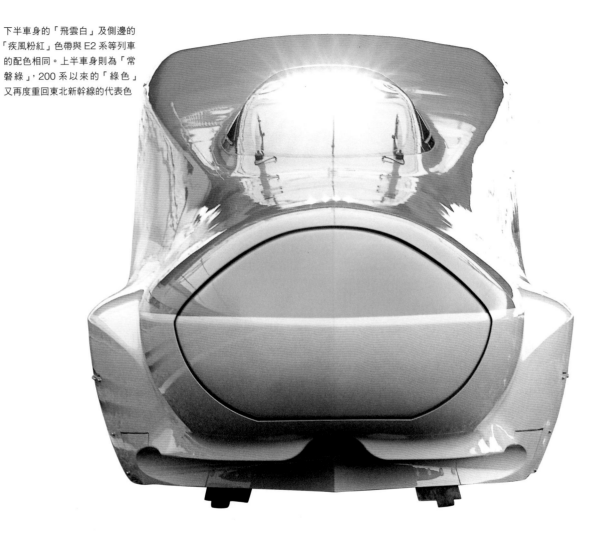

# H5系 since2014

## H編組（JR北海道）

隼號

疾風號

山彥號

隨著北海道新幹線．新青森～新函館北斗間的開業，於 2016 年投入營運的 JR 北海道車輛。以 E5 系為基礎，車輛的基本性能相同，但一部分的外觀和內裝有所變動。全車座位皆配有插座。

就車輛性能來看，時速最高可達 320 公里，但在北海道新幹線區間的最高運行速度為 260 公里，在經過與在來線共用區間的青函隧道前後時，最高時速僅 160 公里。

最高速度▶ 320km/h
編組輛數▶ 10 輛

配色幾乎與 E5 系相同，但側邊的色帶選用「彩香紫」，可讓人聯想到北海道的薰衣草或魯冰花

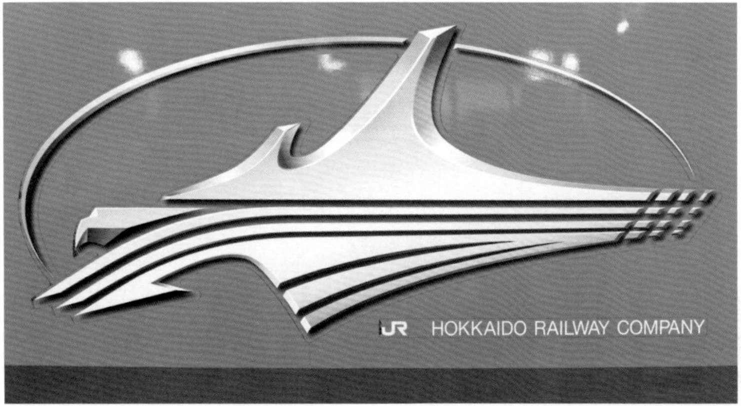


以飛來北海道的白隼及北海道輪廓為藍本所設計的 Logo，代表連結北海道和本州的新幹線

正面的形狀和主色調皆與 E5 系一樣，因此給人的印象沒有太大差別，但側邊的「彩香紫」色帶十分吸睛

E6 系是為秋田新幹線所開發的新在直通車輛，在與 E5 系併結運行的東北新幹線時速可達 320 公里，也能行駛於在來線區間。2013 年登場時，「超級小町號」也同時誕生。與 E5 系併結時，剛開始時速為 300 公里，2014 年提高到時速 320 公里。在 E3 系「小町號」退役後，「超級小町號」也改名為「小町號」。與 E5 系一樣備有車體傾斜裝置和全主動式懸吊系統，但為了能於在來線區間運行，車輛的寬度較窄、車輛長度也較短。

# E6系

since2010

Z編組（JR東日本）

超級小町號
小町號
隼號
疾風號
山彥號
那須野號

最高速度▶ 320km/h（新幹線）、130km/h（在來線）
編組輛數▶ 7 輛

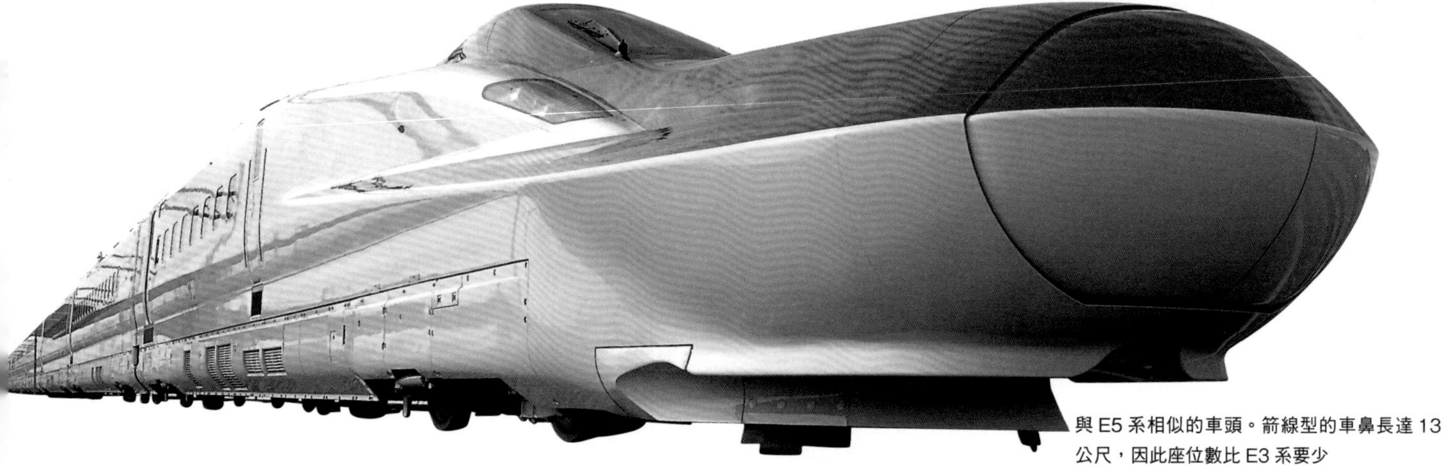

與 E5 系相似的車頭。箭線型的車鼻長達 13 公尺，因此座位數比 E3 系要少

Logo 的設計主題來自秋田出身的小野小町。以紅色線條呈現出時速 320 公里時揚起的風，銀色的迴圈狀代表連結現在與未來

往東京方向的車頭設有可自動併結和分割的裝置。若與 E5 系連結，最高時速可達 320 公里

相較於E5系，車輛寬度明顯較窄。下半車身是與E2系同樣的「飛雲白」，上半車身是以秋田竿燈祭為意象的「茜紅色」。側邊的「箭銀色」色帶，則象徵銀白雪景及秋田的傳統工藝「銀線細工」

EAST JAPAN RAILWAY COMPANY

JR

# E7/W7系 since2013

F編組（JR東日本）
W編組（JR西日本）

- 光輝號
- 白鷹號
- 淺間號
- 朱鷺號
- 谷川號

專為北陸新幹線延伸至金澤而開發的列車。由於行經高崎～輕井澤間坡度達 30‰的碓冰峠需要更多的動力，因此除了兩端的車頭外，所有車廂均配備電動馬達。設計以 E2 系為基礎，隸屬 JR 東日本的列車命名為 E7 系，隸屬於 JR 西日本的列車為 W7 系。與 E5 系一樣都設有頭等車廂，但座位和內裝略有不同。

E7 系於 2014 年導入東京～長野區間，W7 系為 2015 年北陸新幹線延伸至金澤時正式上路營運。自 2019 年起，E7 系也開始在上越新幹線投入服務。

最高速度▶ 260km/h（北陸新幹線）、275km/h（上越新幹線）
編組輛數▶ 12 輛

車頭的形狀是稱為「One-motion line」的簡潔流線型。車身採用「象牙白」，上半部為「天藍色」，側邊搭配「銅色」和「天藍色」的色帶

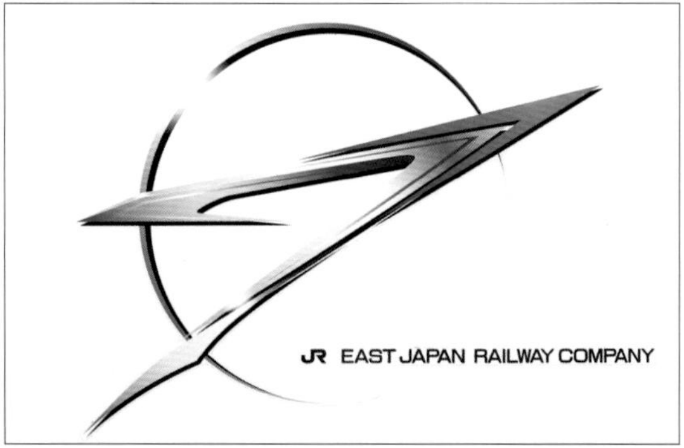


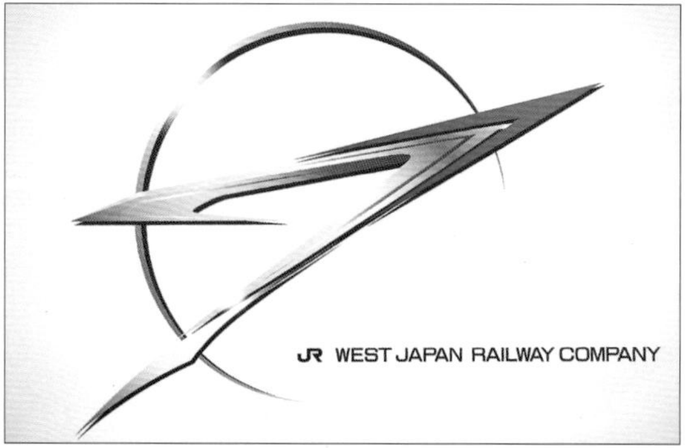


Logo 以數字 7 為設計主題，箭頭般的形狀代表「衝向輝煌的未來」。E7 系和 W7 系採用共通的 Logo，差別只在於 E7 系的英文社名為 EAST JAPAN RAILWAY COMPANY，而 W7 系是 WEST JAPAN RAILWAY COMPANY

為因應北陸地方的大雪，在車頭部分安裝了除雪翼，並採取部分內凹的方式來降低噪音。此外，車輪前的橡膠板也比以前的車款來得厚

F29
JR E714-29

北海道
東北
秋田
山形
上越
北陸
東海道
山陽
九州
西九州
鹿児島

since2019

# E7系

## F21/F22編組（JR東日本）

朱鷺號

谷川號

為因應即將退役的 E4 系及結束運用的 E2 系，E7 系自 2019 年 3 月 16 日起開始運行於上越新幹線。同時還限時推出車身上繪有上越新幹線代表色的「朱鷺色」色帶及 Logo。

該特別車輛僅 F21 和 F22 兩個編組，已於 2021 年 3 月 12 日結束營運。從 2023 年 3 月 18 日以後，上越新幹線只剩下 E7 系。此外，E7 系也是上越、北陸新幹線共通使用的車輛。

最高速度▶ 260km/h（北陸新幹線）、275km/h（上越新幹線）
編組輛數▶ 12 輛

最高速度▶ 275km/h（新幹線）、130km/h（在來線）
編組輛數▶ 5 輛→ 6 輛

since1995

# E3系

## S8編組（JR東日本）
## R編組（JR東日本）

小町號

山彥號

那須野號

專為 1997 年開業的秋田新幹線所開發的新在直通列車，「小町號」也在同時期誕生。此車款是繼 400 系之後的第 2 代新在直通車輛。設計上可與 E2 系併結運行，在東北新幹線區間的時速為 275 公里，在來線區間則為 130 公里。

1995 年完工的量產先行車「S8 編組」和初期的量產車「R 編組」，一開始都只有 5 節車廂，1998 年才應秋田新幹線的需求增加，改為 6 節車廂編組。

量產先行車 S8 編組的車頭。整體呈現出圓弧感，車燈安裝在接近中心的位置

量產車 R 編組的車頭。改採稜角分明的外觀設計，車燈的位置和形狀也大不相同

往東京方向的 1 號車內藏有可自動併結和分割的裝置，可與 200 系、E2 系、E5 系併結運行

印有「E3 系」字樣的 Logo，只有在 S8 編組列車上才見得到。此後，JR 東日本的車輛再也沒有出現過放上列車型號的 Logo

由於當初是「小町號」的專用車輛，列車名稱被放入 Logo 中。隨著 E6 系投入營運，「小町號」也於 2014 年 3 月 14 日退出服務

こまち

こま

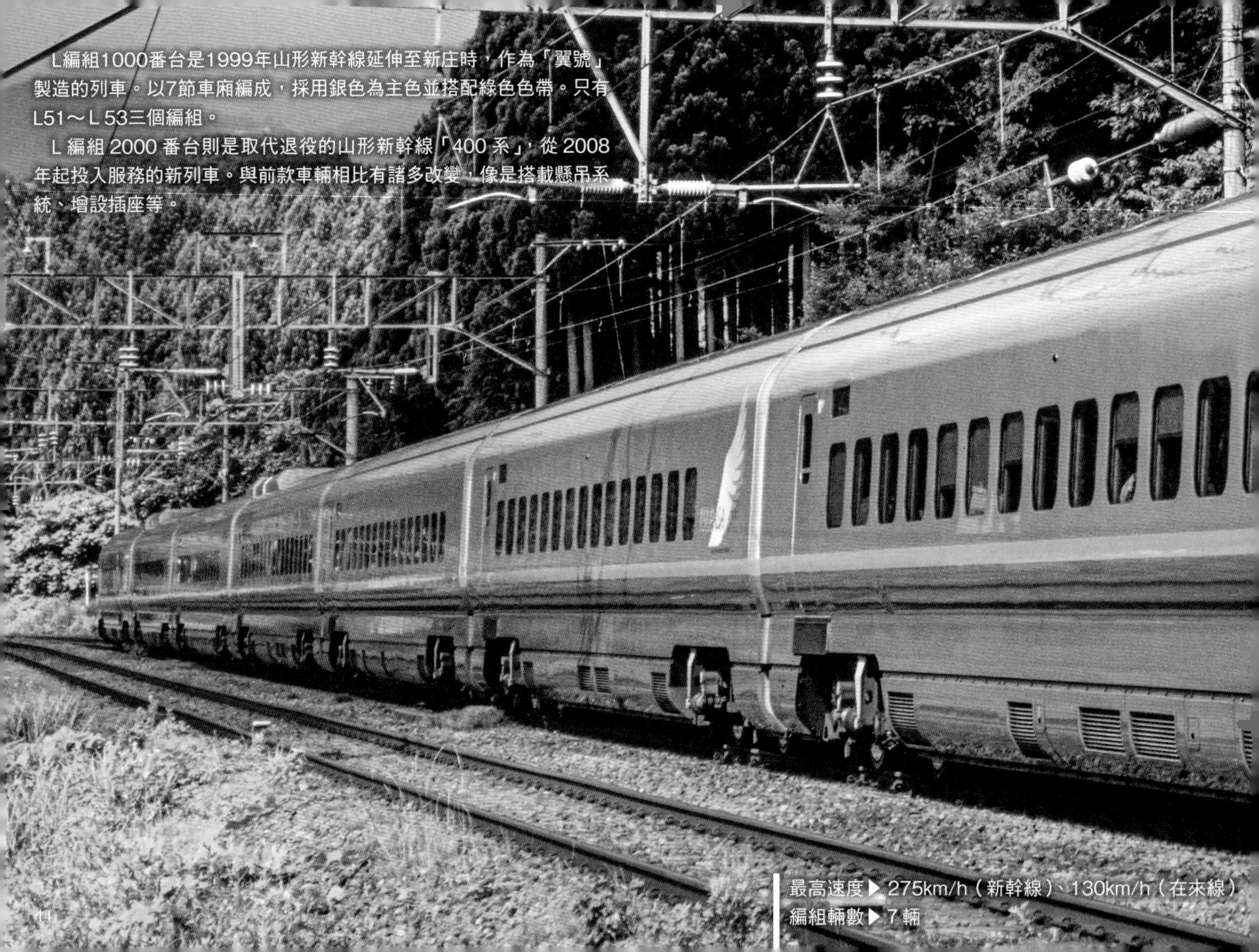

L編組1000番台是1999年山形新幹線延伸至新庄時，作為「翼號」製造的列車。以7節車廂編成，採用銀色為主色並搭配綠色色帶。只有L51～L 53三個編組。

L 編組 2000 番台則是取代退役的山形新幹線「400 系」，從 2008 年起投入服務的新列車。與前款車輛相比有諸多改變，像是搭載懸吊系統、增設插座等。

最高速度▶ 275km/h（新幹線）、130km/h（在來線）
編組輛數▶ 7 輛

# since1999 E3系

L編組（JR東日本）

翼號

那須野號

L 編組 1000 番台的正面。外觀幾乎與 R 編組無異，
只是雨刷的數量不同

L 編組 2000 番台的正面。基本形狀並沒有差別，
但車燈的造型上下左右完全相反

只推出三個編組的 1000 番台列車。照
片中是行駛於在來線區間的 L52 編組

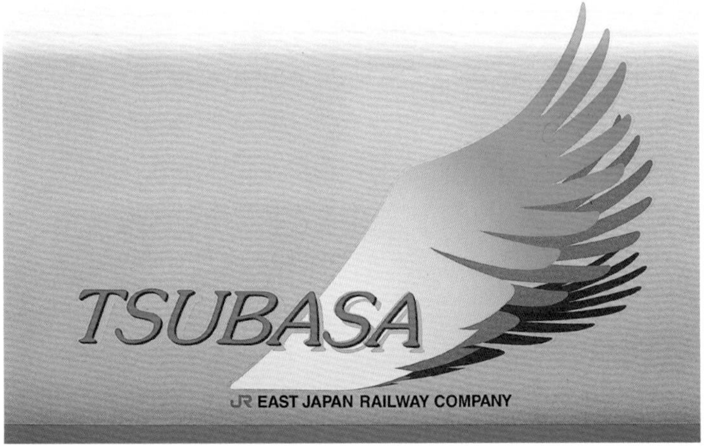


車身上的 Logo 與 400 系「翼號」相同

TSUBASA

TSUBASA

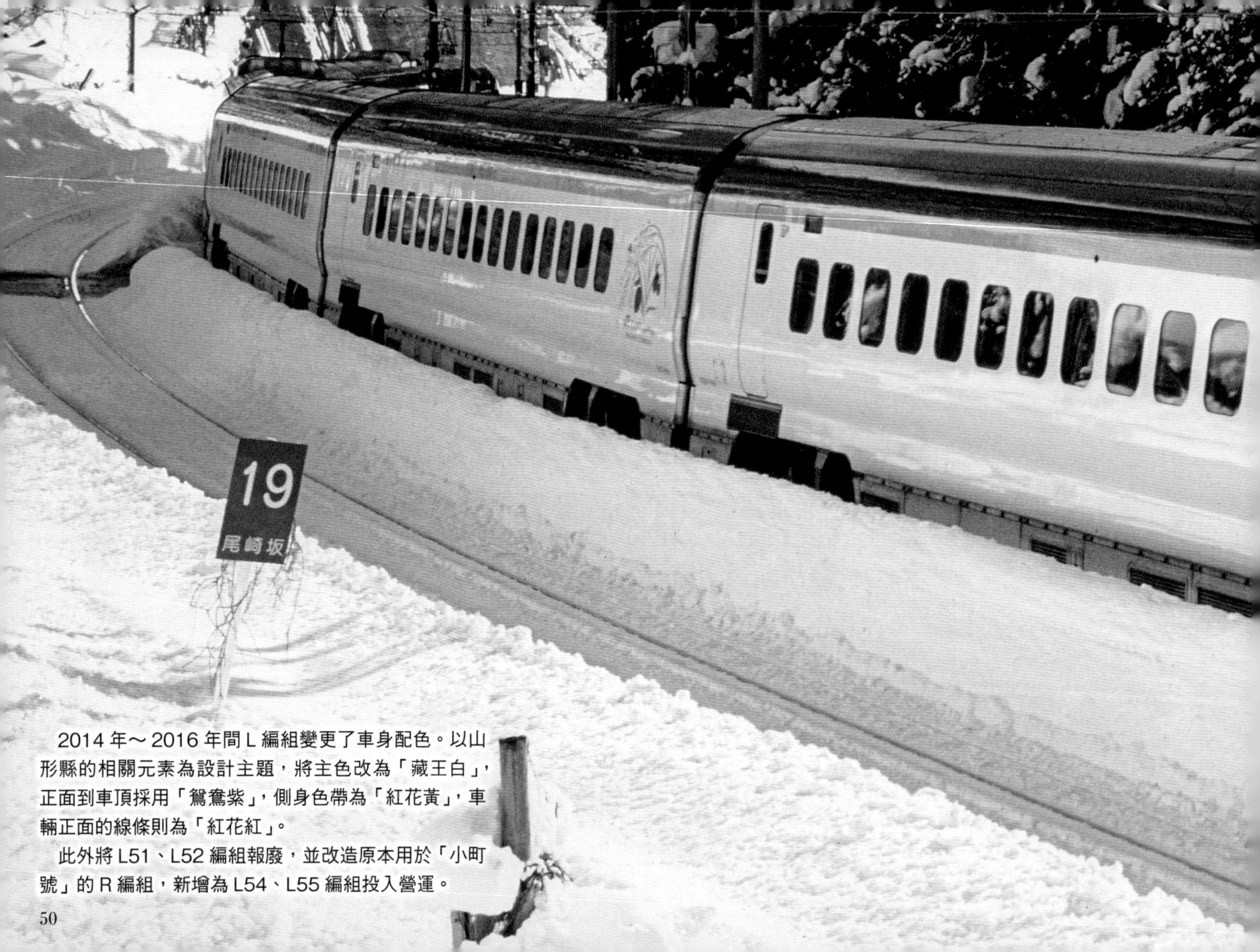


2014 年～2016 年間 L 編組變更了車身配色。以山形縣的相關元素為設計主題，將主色改為「藏王白」，正面到車頂採用「鴛鴦紫」，側身色帶為「紅花黃」，車輛正面的線條則為「紅花紅」。

此外將 L51、L52 編組報廢，並改造原本用於「小町號」的 R 編組，新增為 L54、L55 編組投入營運。

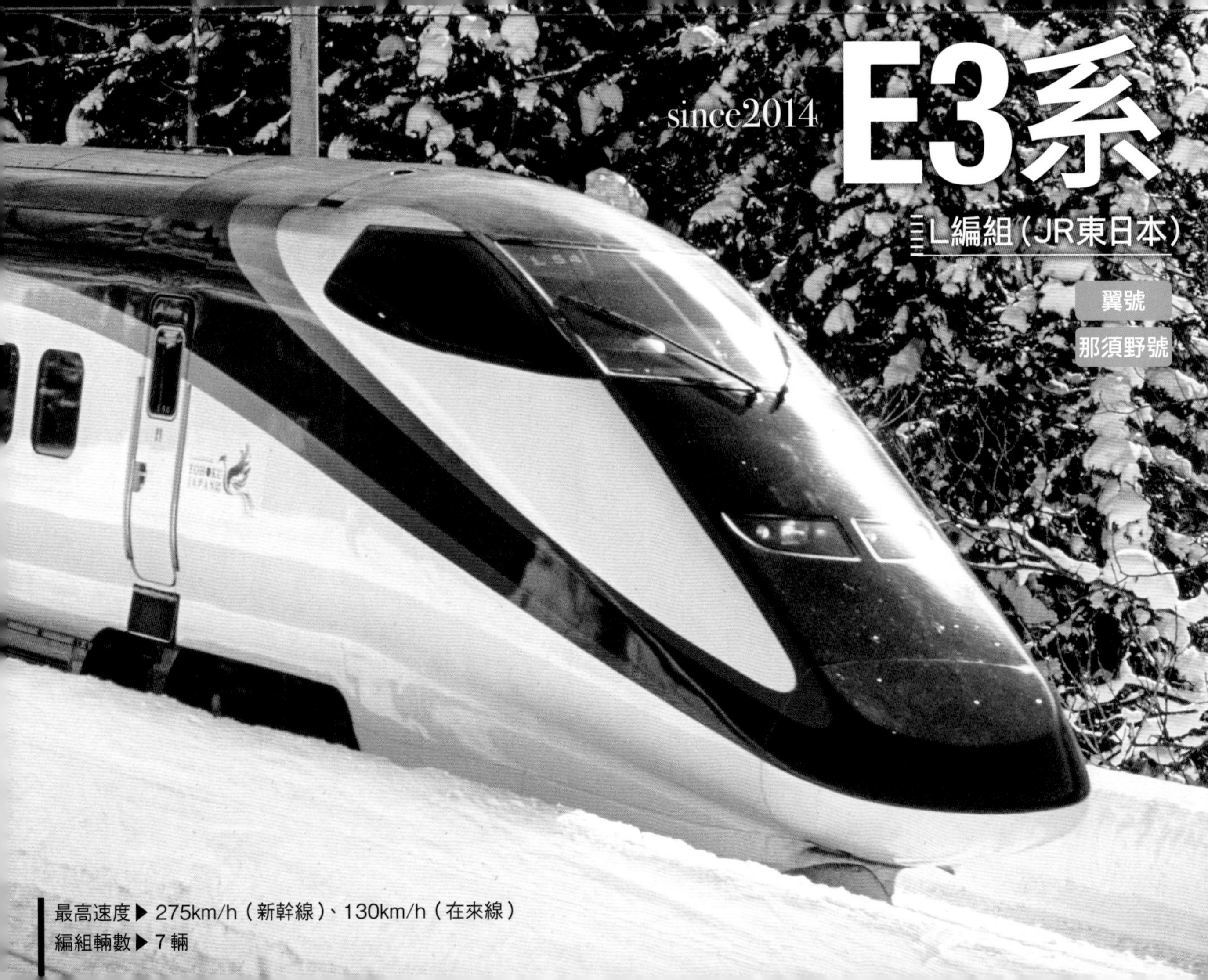

since2014

# E3系

## L編組（JR東日本）

翼號

那須野號

最高速度▶ 275km/h（新幹線）、130km/h（在來線）
編組輛數▶ 7 輛

L 編組 1000 番台與 2000 番台的正面。雖然僅配色不同，但給人的印象卻大相逕庭

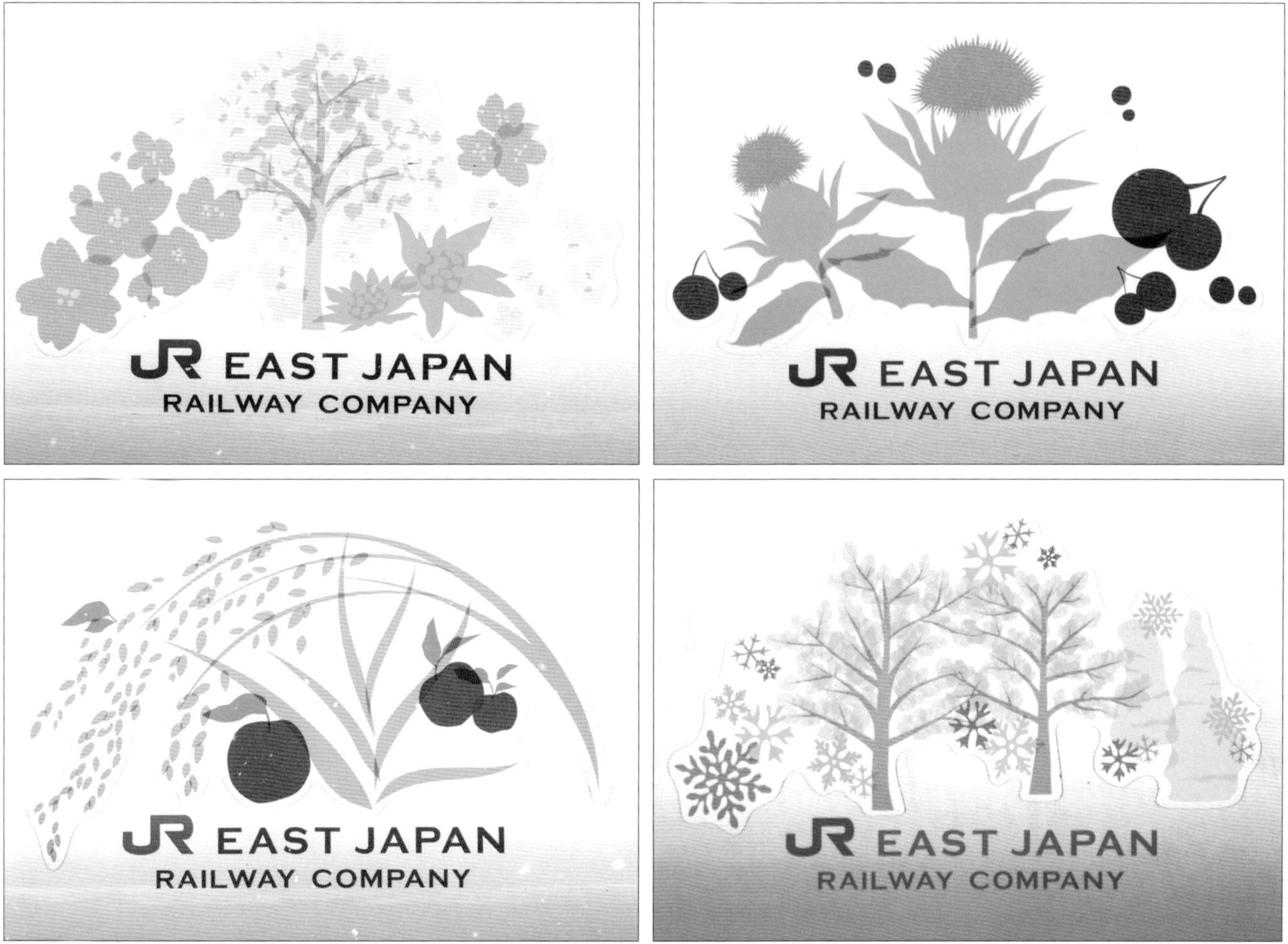


車身上的各種 Logo 呈現出山形縣的四季景色，分別是春天的櫻花和蜂斗菜、夏天的紅花和櫻桃、秋天的稻穗和蘋果、冬天的藏王樹冰

JR EAST JAPAN
RAILWAY COMPANY

JR EAST JAPAN

# E3系 since2014

## R18編組（JR東日本）

翼號足湯列車

為配合「山形 Destination」活動所打造的「翼號足湯列車」，是新幹線第一輛觀光列車。車內設有足湯、附下嵌式暖桌 的休息區、椅面為榻榻米的對號座等，相當特別。

設計的概念是如同漫步溫泉街般享受美食、溫泉、歷史文化和大自然，邊感受鐵道旅遊的樂趣。此列車已於 2022 年 3 月結束運行。

最高速度▶ 275km/h（新幹線）、130km/h（在來線）
編組輛數▶ 6 輛

北海道
秋田
東北
山形
上越
北陸
東海道
山陽
西九州
九州
鹿児島

車體顏色以「月山綠」和「藏王白」為基底，搭配「最上藍」和「翼號綠」。主要運行於福島～新庄區間

配置在16號車的足湯。購買足湯使用券後，一人可使用15分鐘。
還會附上原創的手拭巾

15號車為「泡湯後的休息區」，設有榻榻米座位可供休息。此外
各對號座的座位上，椅面也都鋪著榻榻米

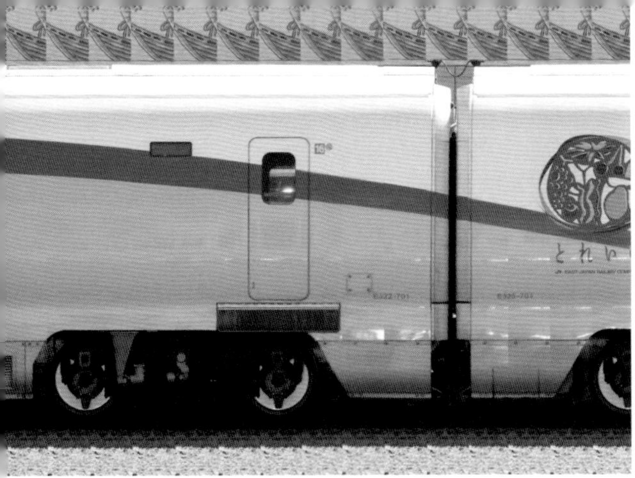

「とれいゆ（Toreiyu）」的暱稱是由Train（英文的列車）與Soleil（法文的太陽）混合造字而來。Logo集結了紅花、洋梨、將棋棋子等山形特產的元素

列車是由原本「小町號」的 R18 編組改造而成

# E3系 since2016

## R19編組（JR東日本）

朱鷺號

2016 年亮相的「現美新幹線」，號稱是「世界最快速的美術館」。車輛內外皆展示著現代美術的這輛新幹線列車，是以 R19 編組為基礎所改造的 6 輛車廂編組。除了每節車廂內都展示不同藝術家的作品，列車的外觀也以午夜藍為底色，搭配絢麗的長岡煙火彩繪。

基本上於週六日和假日運行，一天有 3 班往返，主要行駛於上越新幹線的越後湯澤～新潟區間。已於 2020 年結束營運。

最高速度▶ 275km/h（新幹線）、130km/h（在來線）
編組輛數▶ 6 輛

最高速度▶ 275km/h(東京～盛岡間)、260km/h(高崎～長野間)240km/h(大宮～新潟間)
編組輛數▶ 8 輛

為東北、上越、北陸等 JR 東日本各新幹線皆可共通使用的車型。除了能對應 50Hz 和 60Hz 的電源頻率外，還搭載了可因應碓氷峠周邊陡坡的煞車系統。

原先的規劃是 J 編組用於東北新幹線，在往盛岡方向的車頭裝設可自動併結和分割的裝置，若與同時於 1997 年 3 月登場的 E3 系併結運行，則時速可達 275 公里。N 編組是規劃用於 1997 年 10 月通車的北陸新幹線，並無搭載可自動併結和分割的裝置。

# since1995 E2系

S6/S7編組（JR東日本）

J/N編組（JR東日本）

山彥號

朝日號

淺間號

那須野號

谷川號

退出北陸新幹線營運前的 Logo。原本是用於「朝日號」的車輛

S7 編組的 8 號車。除了車鼻前端搭載有可自動併結和分割的裝置外，其餘皆與 S6 編組相同

J 編組的車頭備有可自動併結和分割的裝置，N 編組則無

以「飛雲白」和「紫苑藍」為底
色，搭配側身的紅色色帶。量產
先行車的S6編組並無搭載可自動
併結和分割的裝置，S7編組則有

S7
JR E224-101

# E2系 since2002

## J編組（JR東日本）

疾風號

山彥號

那須野號

朱鷺號

谷川號

隨著 2002 年 12 月東北新幹線．盛岡～八戶區間開通後車輛需求增加，J 編組改以 10 輛車廂的編組登場。

同時期新製造的 J 編組 1000 番台列車，也分別於 2002 ～ 2005 和 2010 年投入營運。由於 1000 番台沒有電源頻率轉換裝置及對應陡坡的煞車系統，因此無法駛入北陸新幹線區間。

基本色調仍維持原有的「飛雲白」和「紫苑藍」，但將車身的色帶改成杜鵑粉。

最高速度▶ 275km/h（東京～盛岡間）、260km/h（盛岡～新青森間）240km/h（大宮～新潟間）
編組輛數▶ 10 輛

2024 年的照片，與 E2 系併結運行的列車只剩下 E3 系

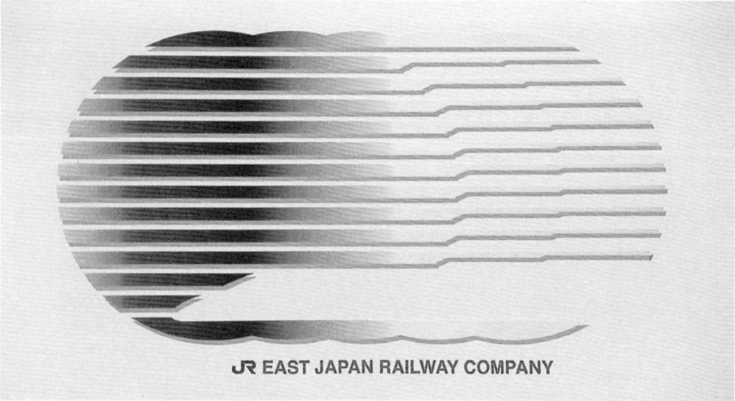


新設計的 Logo。以蘋果的輪廓為造型，
搭配 E2 系新幹線的剪影

外觀基本上與 J 編組無異。僅 2010 年投入服務的 J70 ～ J75 編組擁有接近 E5 系的車內裝備，綠色車廂和普通車廂靠窗座位皆備有插座

Tōkyō

JR E224-1121

# E2系 since2022

J66編組（JR東日本）

山彥號
那須野號
朱鷺號
谷川號

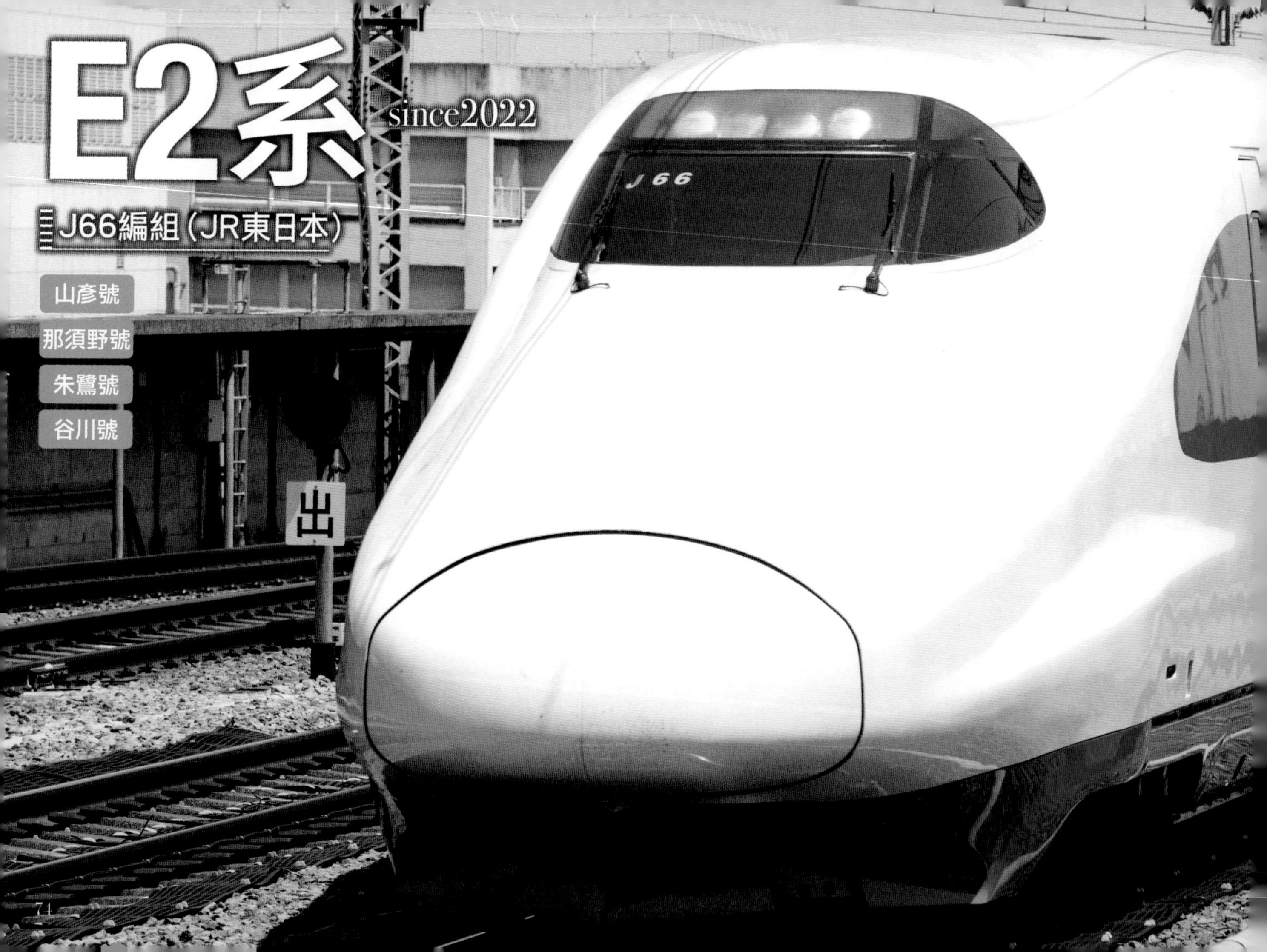

2022 年為紀念日本鐵道開業 150 週年，以及東北、上越新幹線通車 40 週年，推出重現 200 系新幹線配色的車輛。

以 J 編組 1000 番台的 J66 編組為主，將車體塗裝成奶油 10 號的底色＋綠色 14 號的色帶。2022 年 6 月登場後，分別在東北新幹線和上越新幹線行駛。

於 2024 年 3 月結束運行。

最高速度▶ 275km/h（東京～盛岡間）、260km/h（盛岡～新青森間）240km/h（大宮～新潟間）
編組輛數▶ 10 輛

P1

since1997

# E4系

## P編組（JR東日本）

- Max山彥號
- Max那須野號
- Max朝日號
- Max淺間號
- Max朱鷺號
- Max谷川號

為全車採用雙層設計的第二代新幹線列車。與12輛車廂編組的E1系不同，以8＋8的16輛車廂為一編組，不僅能因應大量運輸的需求，還可在淡季時縮減為8輛編組以降低成本。比E1系增加約400名載客量，最多可供1,634名乘客搭乘。

1997年首次在東北新幹線亮相，自1999年起會與400系、E3系連結行駛，2001年後也開始運行於上越新幹線。

最高速度▶ 240km/h
編組輛數▶ 8 輛、16 輛

以雙層構造的車身高度及 11.5 公尺的長車鼻為特色。為確保視認性，因此採用座艙罩式的駕駛室

以 E1 系的 Max Logo 為基礎稍加修改，增加了黃色的陰影條紋

兩端的車頭都藏有可自動併結和分割的裝置，能與同型的 E4 系或 400 系、E3 系等列車連結

以「飛雲白」和「紫苑藍」為底色，
搭配「山吹黃」的色帶

最高速度▶ 240km/h
編組輛數▶ 8 輛、16 輛

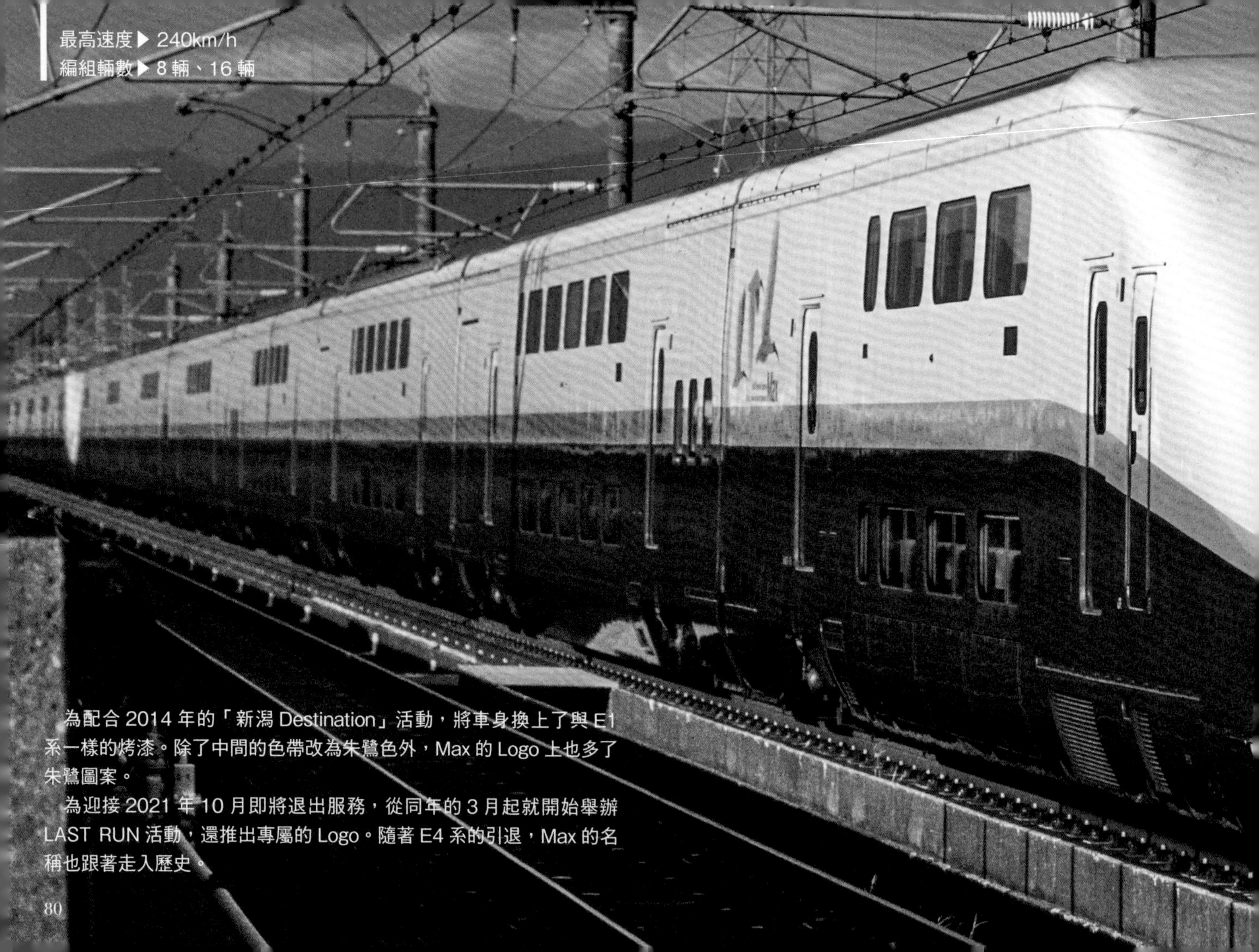

為配合 2014 年的「新潟 Destination」活動，將車身換上了與 E1 系一樣的烤漆。除了中間的色帶改為朱鷺色外，Max 的 Logo 上也多了朱鷺圖案。

為迎接 2021 年 10 月即將退出服務，從同年的 3 月起就開始舉辦 LAST RUN 活動，還推出專屬的 Logo。隨著 E4 系的引退，Max 的名稱也跟著走入歷史。

since2014

# E4系

## P編組（JR東日本）

Max朱鷺號

Max谷川號

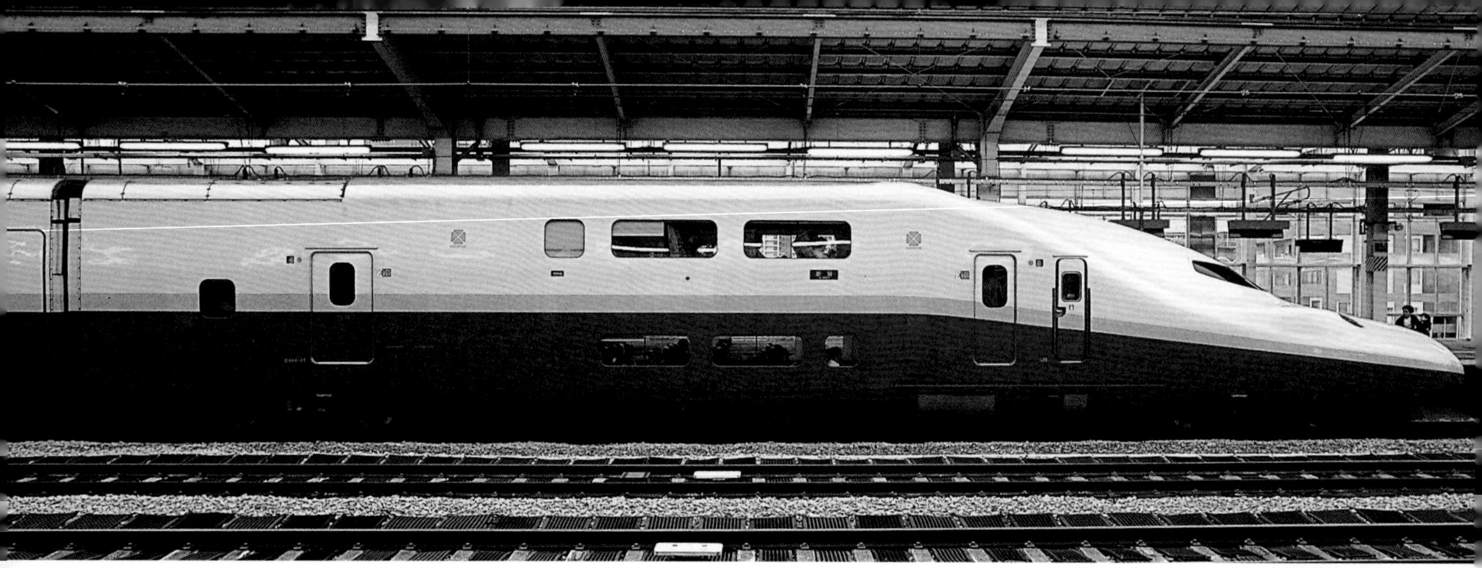

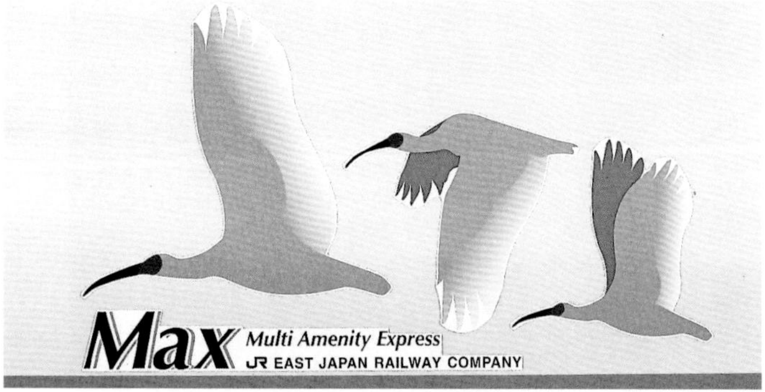


變更塗色後的 Logo。不僅更改了 Max 的字型還將字體縮小，並加上大大的朱鷺插圖

雙層結構的 E4 系車身高度較高，行經隧道時就能看出空間變得狹窄

由於是依序更換烤漆，因此也會見到山吹黃的 E4 系和朱鷺色的 E4 系連結行駛的畫面

北海道
東北
秋田
山形
北陸
東海道
山陽
九州
西九州
鹿兒島

M 2

since1994

# E1系

## M編組（JR東日本）

- Max山彥號
- Max青葉號
- Max朝日號
- Max那須野號
- Max朱鷺號
- Max谷川號

第一輛全車採用雙層結構的新幹線列車。為因應東北新幹線日益漸增的輸送需求而開發，單一編組就能達到大量增加運輸能力的目的。普通車廂的自由座採 3 + 3 列的配置，最多可載運 1,235 名乘客。

1994 年 3 月完工之初，Logo 上面只印有 DDS（Double Decker Shinkansen ＝雙層新幹線）的字樣，待 7 月正式投入營運後才改以 Max 作為 Logo。Max 意指 Multi Amenity Express ＝複層舒適特快車。

最高速度▶ 240km/h
編組輛數▶ 12 輛

初登場時的 Logo，印有 DDS 和列車型號
E1 的字樣

車頭採用稱為「Aero Dynamic　Nose」的形狀，駕駛室則如同
飛機座艙罩般

投入營運時的 Logo。之後的 E4 系列車也沿用 Max 的名稱

綠色色帶的位置正好落在上下兩層車廂的中間

此車系只運用在東北新幹線和上越新幹線，前後共推出 6 個編組

# E1系 since2003

## M編組（JR東日本）

Max朱鷺號

Max谷川號

1999 年 2 月退出東北新幹線的營運，仍在服役中的 E1 系只剩下上越新幹線。於登場 10 年後的 2003 年，所有的 E1 系車輛開始進行整修工程。

除了更改座位等車廂的內裝外，車身的塗裝也跟著換新。採用與 E2 系一樣的底色，中間的色帶換上朱鷺色，Logo 也一併更新。

最高速度▶ 240km/h
編組輛數▶ 10 輛

隨著 E5 系加入東北新幹線的營運，東北新幹線的 E4 系轉移到上越新幹線後，E1 系也退出了服務行列

新 Logo 是將 E4 系原有的設計稍加改變，再加上不同顏色的朱鷺插圖

由「飛雲白」、「紫苑藍」和朱鷺色色帶組成的 E1 系，配色與 2002 年登場的 E2 系極為相似

since1990

# 400系

## S4編組（JR東日本）
## L編組（JR東日本）

翼號

　山形新幹線是所謂的迷你新幹線，亦即將在來線的軌距拓寬，讓新幹線列車也可直接行駛進入在來線。而 400 系就是為了因應 1992 年山形新幹線通車所開發的專用列車。車輛除了具備能行駛於新幹線規格路線的高速性和堅固性外，又適用於在來線規格較為狹窄的月台和隧道。此外，為了在新幹線區間與其他新幹線車輛併結運行，還設有可自動併結和分割的裝置。

　1992 年隨著山形新幹線開通，400 系「翼號」也首次亮相。

最高速度▶ 240km/h（新幹線）、130km/h（在來線）
編組輛數▶ 6 輛→ 7 輛

400 系有別於以往的新幹線，除了窗戶周邊的深灰色及綠色色帶以外，整輛車全都塗上了金屬銀色

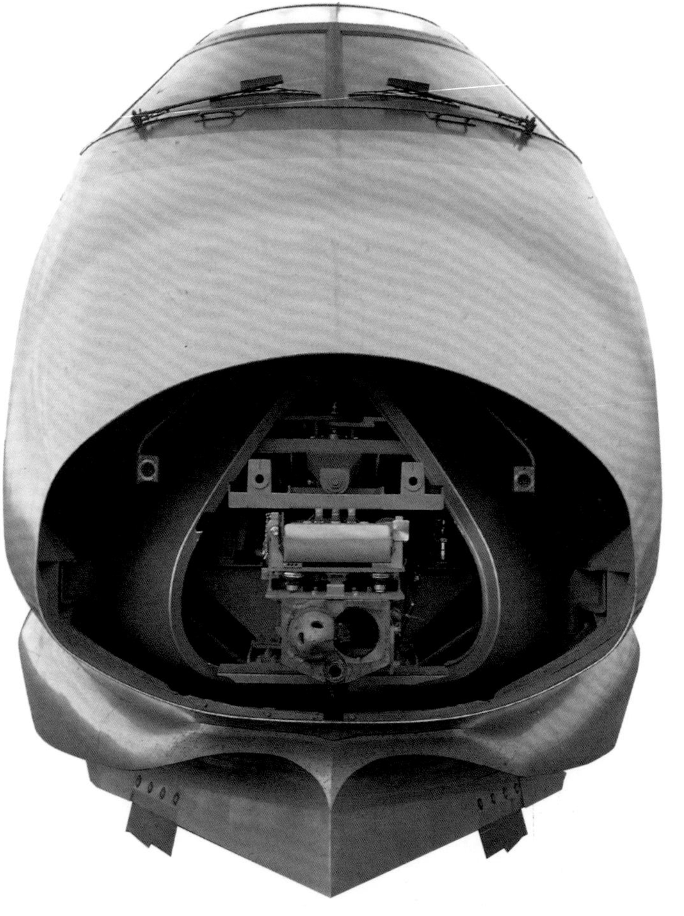

往東京方向的車頭備有可自動併結和分割的裝置。當初是與 200 系 K 編組併結運行

由於車輛寬度較窄，到站時會從車門下方伸出踏板供乘客上下車用。之後的 E3 系、E6 系、E8 系也都沿襲相同的構造

車輛側邊的色帶上印有 400 系的 Logo。並非放上列車名稱而是型號的做法，在 JR 東日本也很罕見

量產先行車的 S4 編組於 1990 年完工。駕駛室下方的圓窗為 S4 編組的特徵，量產車 L 編組則取消了圓窗設計

400

最高速度▶ 240km/h（新幹線）、130km/h（在來線）
編組輛數▶ 7 輛

1999 年於山形新幹線延伸至新庄之際，重新將 E3 系 L 編組投入營運。

除了配合 E3 系變更車身的顏色外，還放上「翼號」的 Logo，內裝也進行了翻修。

以金屬灰為底色，下半車身為深灰色搭配綠色色帶。

since1999

# 400系

## L編組(JR東日本)

翼號

那須野號

TSUBASA

# 200系 since1980

## E/F/G編組（JR東日本）

青葉號

山彥號

那須野號

谷川號

朱鷺號

朝日號

淺間號

不同於較為溫暖的東海道、山陽地區，為了要行駛於冬天寒冷氣候和積雪的東北、上越新幹線，車輛和軌道等各方面都必須有所因應。200系就是以試作列車的 962 形，以及檢測列車 952 形 S1 編組為基礎所開發出來的車款。除了將車輛下方覆蓋住以保護車底的機電設備，還在裙裾部分安裝除雪翼。

1982 年開始營運時的最高時速為 210 公里，1983 年提高到 240 公里，1990 年在上越新幹線的部分區間，更將時速提升至 275 公里。

最高速度▶ 275km/h（上毛高原～浦佐間）、240km/h
編組輛數▶ 8 輛、10 輛、12 輛

以奶油 10 號為底色搭配綠色 14 號的外觀十分顯眼。裙裾部分裝有除雪翼，避免積雪影響運行

為了與 400 系新幹線併結行駛，1992 年將 F 編組進行改造，在往盛岡方向的車頭搭載可自動併結和分割的裝置。同時更名為 K 編組

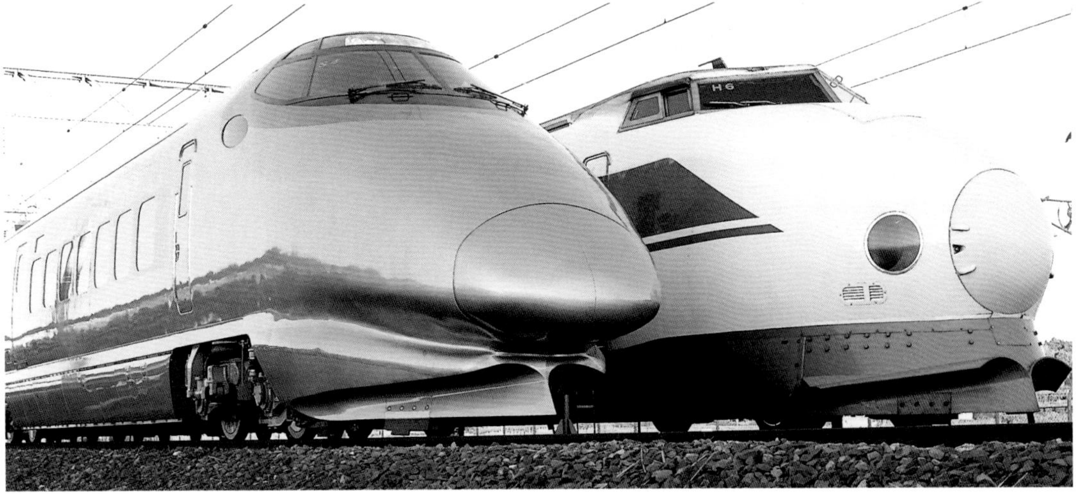


1990 年登場的 H 編組。但還來不及將車頭改造成鯊魚鼻造型，僅塗上細條紋裝飾，相當罕見

與 400 系併結的 200 系列車。目前的 E5 系＋ E6 系及 E5 系＋ E8 系也一直沿用這個連結方式

E30
E30

39-1
39-2
E30
222-30
E30

最高速度▶ 245km/h
編組輛數▶ 12 輛、13 輛、16 輛

# since1990 200系

## H編組（JR東日本）
## F編組（JR東日本）

青葉號

山彥號

那須野號

1990 年登場的 200 系是在國鐵分割民營化，東北、上越新幹線等路線改由 JR 東日本營運後所推出的列車。近似 100 系的鯊魚鼻造型車頭，及車身上的細條紋色帶為最大特徵。

登場當初的 H 編組由 13 輛車廂組成一編組，其中只有一輛是雙層車廂。後來除了改為兩輛雙層車廂外，還擴大編組為 16 輛車廂。

此外，F 編組 2000 番台及部分改造車頭的 200 番台，也都採用同樣的規格。

北海道
東北 秋田 山形
上越
北陸
東海道
山陽
九州 西九州 鹿兒島

222-2001

車頭造型與 100 系幾乎一樣，最大的不同只有裙裾部分的形狀和配色

有兩輛雙層車廂相連的 H 編組。1 樓是咖啡廳，2 樓為綠色車廂

H 編組在尚未搭載雙層車廂前，曾短暫作為 F 編組投入營運

F 40
JR

since1990

# 200系

## F編組（JR東日本）

青葉號
山彥號
那須野號
朝日號
朱鷺號
谷川號

1990 年之後登場的 F 編組，雖然有鯊魚鼻造型的車頭，但車身上沒有細條紋。

配色與由中間車廂改造成車頭的 F 編組 200 番台一樣。

最高速度▶ 240km/h
編組輛數▶ 12 輛

北海道
東北 秋田 山形
上越
北陸
東海道
山陽
九州 西九州 鹿兒島

# 200系 since1999

## K編組（JR東日本）

- 山彥號
- 那須野號
- 谷川號
- 朱鷺號
- 朝日號

原本與 400 系併結行駛於東北新幹線的 K 編組由於日漸老化，在 1999 年～ 2002 年期間進行了整修作業。不只座椅和內裝翻新，連外觀也有大幅改變。除了駕駛室的擋風玻璃變更為曲面形狀外，配色也跟著煥然一新，給人的印象也大不相同。

其中的 K51 編組是最後一輛退役的 200 系列車，已於 2013 年 6 月報廢。

最高速度▶ 240km/h
編組輛數▶ 10 輛

K47

照片中是由 E 編組縮減車廂後所改成的 G 編組，以及重新整修後的 K 編組。或許是因為駕駛室的形狀和顏色，很難想像兩者原本是同款車輛

配色基本上與 E2 系一樣，都是以「飛雲白」和「紫苑藍」為基底，唯一的不同只有中間的「綠色疾風」色帶

# 200系 since2007

## K47編組（JR東日本）

山彥號
那須野號
谷川號
朱鷺號

在所有進行整修作業的 K 編組當中，只有 K47 編組的烤漆顏色是採用原本 200 系的配色。

該列車是為了紀念 2007 年東北、上越新幹線開業 25 週年而推出。直到 2013 年退役為止，K47 編組都沒有再改過塗裝。

最高速度▶ 240km/h
編組輛數▶ 10 輛

K47
JR
出

# N700S since2018

J編組（JR東海）

H編組（JR西日本）

希望號

光號

回聲號

2018 年為東海道、山陽新幹線開發的最新型車輛。以前身的 N700A 為基礎進行改良，考量國內外各種區間的適用性，因此設計出可實現 6、7、8、12、16 輛車廂等多種編組方式。

首次在新幹線車輛嘗試配備大容量電池，即便停電仍可自力行駛至鄰近車站。2020 年 JR 東海的 J 編組正式上路營運，2021 年 JR 西日本的 H 編組也開始投入服務。

最高時速▶ 285km/h（東海道新幹線）、300km/h（山陽新幹線）
編組輛數▶ 16 輛

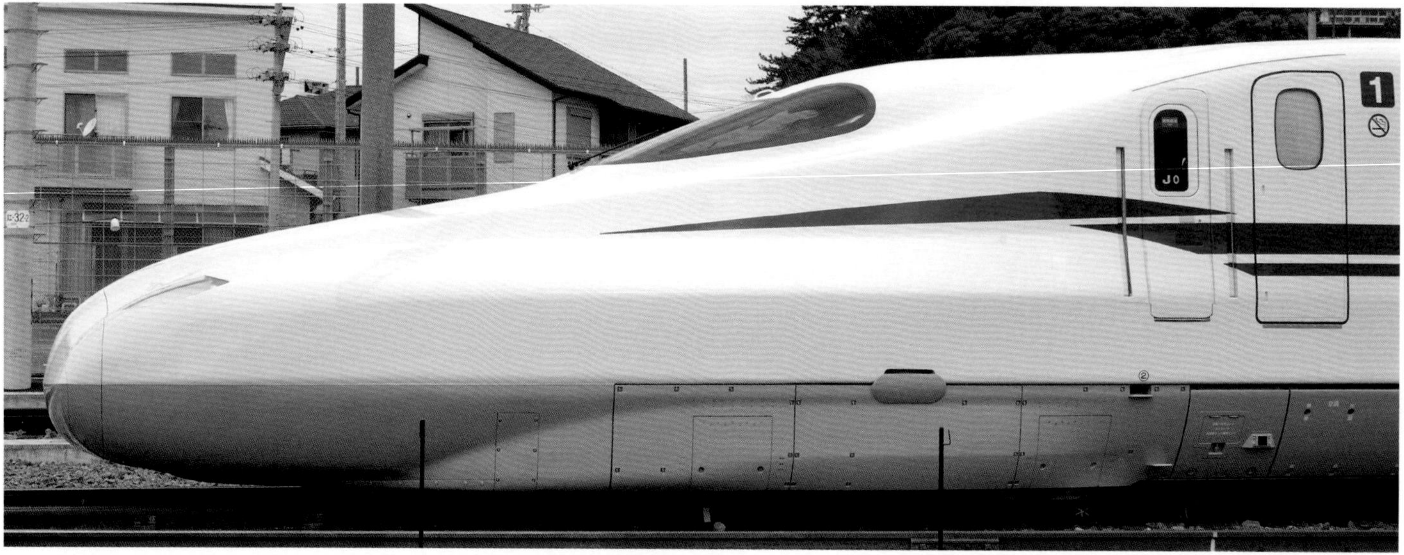


車頭從側面看起來與 N700 系並無差別，只是車鼻的傾斜角度較為和緩。車身色帶一路延伸至駕駛室下方，呈現 S 形般的線條

N700S 的 Logo。S 代 表「Supreme」，意指 N700 系的頂級列車

名為「至尊雙翼（Dual Supreme Wing）」的車頭形狀，是以N700系的「流線雙翼（Aero Double Wing）」為基礎，左右兩側加入可降低隧道微氣壓波及噪音的稜角線條（車燈上方位置）

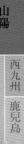

1

16

1
N700 Supreme

16
JR 744-3001

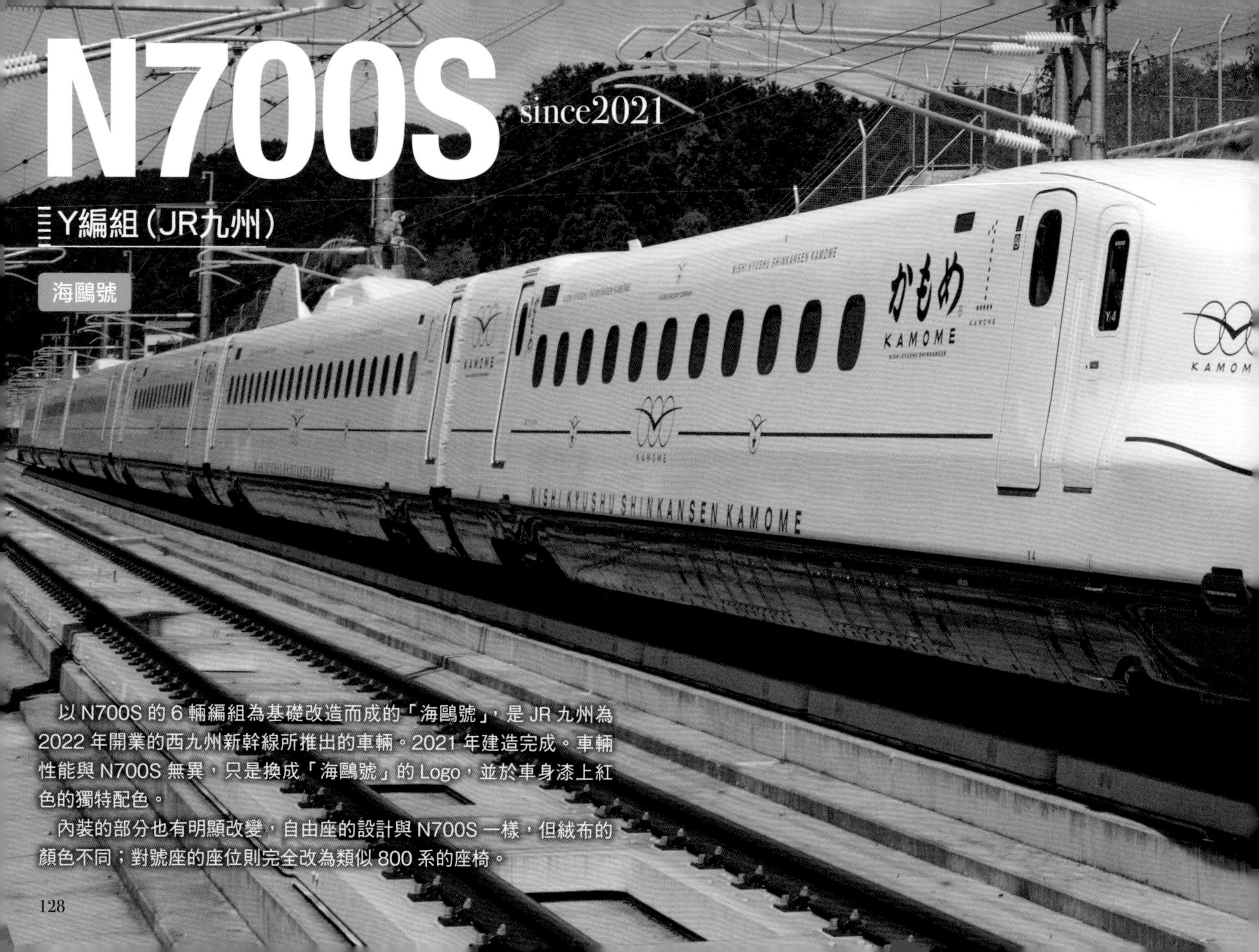


# N700S since2021

## Y編組（JR九州）

**海鷗號**

以 N700S 的 6 輛編組為基礎改造而成的「海鷗號」，是 JR 九州為 2022 年開業的西九州新幹線所推出的車輛。2021 年建造完成。車輛性能與 N700S 無異，只是換成「海鷗號」的 Logo，並於車身漆上紅色的獨特配色。

內裝的部分也有明顯改變，自由座的設計與 N700S 一樣，但絨布的顏色不同；對號座的座位則完全改為類似 800 系的座椅。

最高時速▶ 260km/h
編組輛數▶ 6 輛

只是配色不同，給人印象就大相
逕庭的車頭。設計出自經手 800
系等 JR 九州鐵道車輛設計的水
戶岡銳治之手

車身上隨處可見 KAMOME（海鷗號）的 Logo 及英文字母，營造出獨特的車輛風格

KAMOME
NISHI KYUSHU SHINKANSEN

かもめ
KAMOME
NISHI KYUSHU SHINKANSEN

「KAMOME」的Logo有好幾種，除此之外還有不同配色的款式

かもめ
KAMOME
KAMOME
NISH

NISHI KYUSHU SHINKANSEN KAMOME
KAMOME
NISHI KYUSHU SHINKANSEN KAMOME

北海道
東北
秋田
山形
上越
北陸
東海道
山陽
九州
西九州
鹿児島

# N700系 since2005

Z/G/X編組（JR東海）

N/K/F編組（JR西日本）

希望號

光號

回聲號

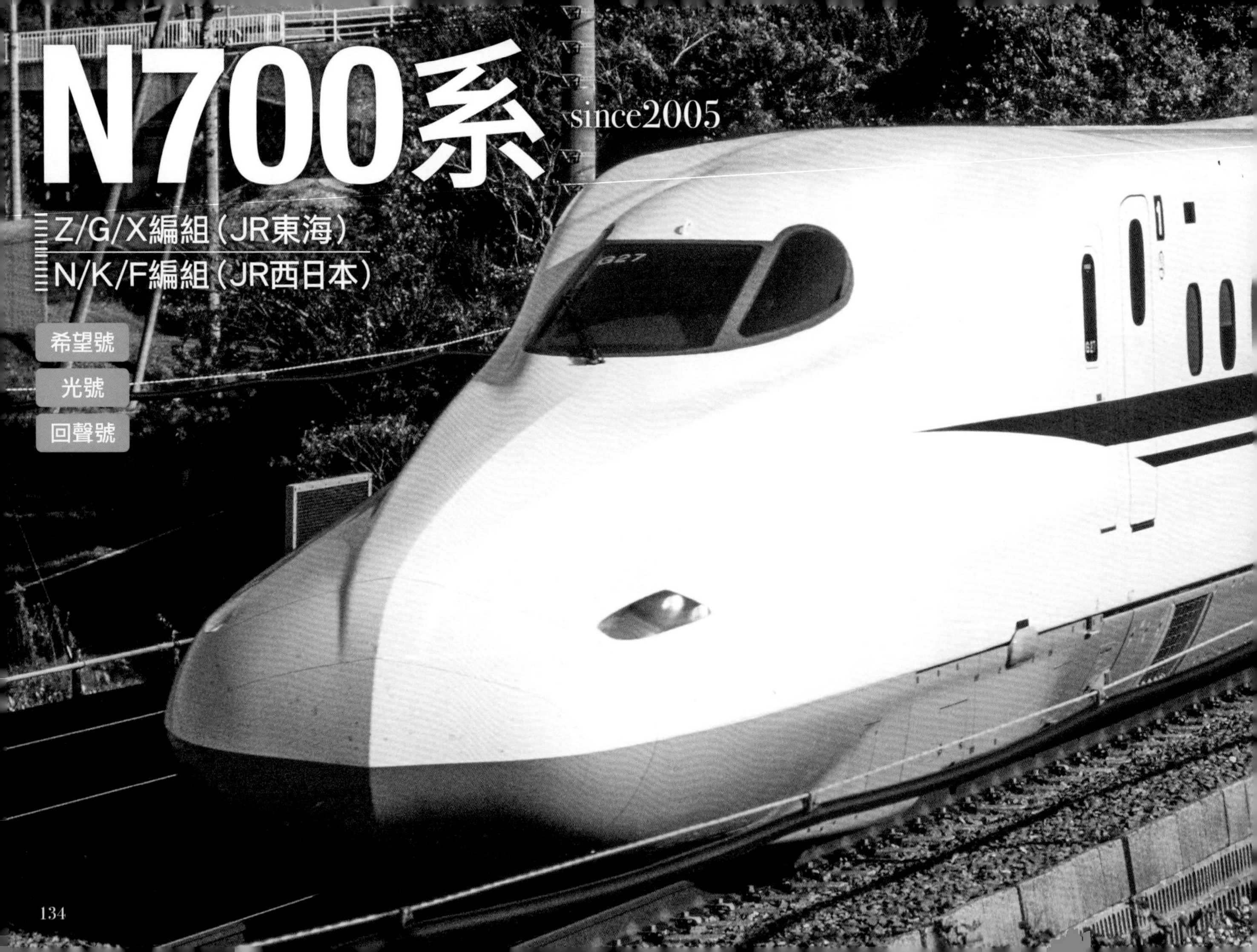

N700 系是由 JR 東海與 JR 西日本共同開發的車輛，以 700 系為基礎改良並試圖達到更快、更舒適的目標。即便在彎道很多的東海道新幹線，無需減速仍可以時速 275 公里的過彎速度（R2500m 以內）通過；在山陽新幹線區間能以時速 300 公里的速度行駛。除了減少列車的震動外，綠色車廂的全部座位及普通車廂的靠窗座位都備有插座。

2013 年改良型的 N700A 問世，東海道新幹線的最高時速也提升至 285 公里。名稱中的 A 即 Advanced，代表進步之意。

最高時速▶ 270km/h（東海道新幹線 N700）、285km/h（東海道新幹線 N700A）、300km/h（山陽新幹線）
編組輛數▶ 16 輛

2005 年製造完成，2007 年開始投入營運的 N700 系 Logo。N700 的字母中繪有新幹線的輪廓。JR 東海的 Z 編組、JR 西日本的 N 編組都是採用此 Logo

此 Logo 用於 JR 東海的 X 編組、JR 西日本的 K 編組。這兩個編組分別是由 N700 的 Z 編組、N 編組改良而成的 N700A 規格車輛。Logo 沿用過去的造型，但另外加上小小的 A 字母

此 Logo 用於 JR 東海的 G 編組、JR 西日本的 F 編組，為 2013 年新推出的 N700A 列車。字母 A 的設計十分顯眼

車頭的造型以 700 系為藍本，並採用能減少隧道微氣壓波的「流線雙翼」形狀

1

16
N700

1
N700
16

1
X 33

16

北海道
東北
秋田
山形
上越
北陸
東海道
山陽
九州
西九州
鹿児島

1

16
N700A

北海道
東北
秋田
山形
上越
北陸
東海道
山陽
九州
西九州
鹿児島

# N700系 since2011

## S編組（JR西日本）
## R編組（JR九州）

櫻花號

瑞穗號

燕子號

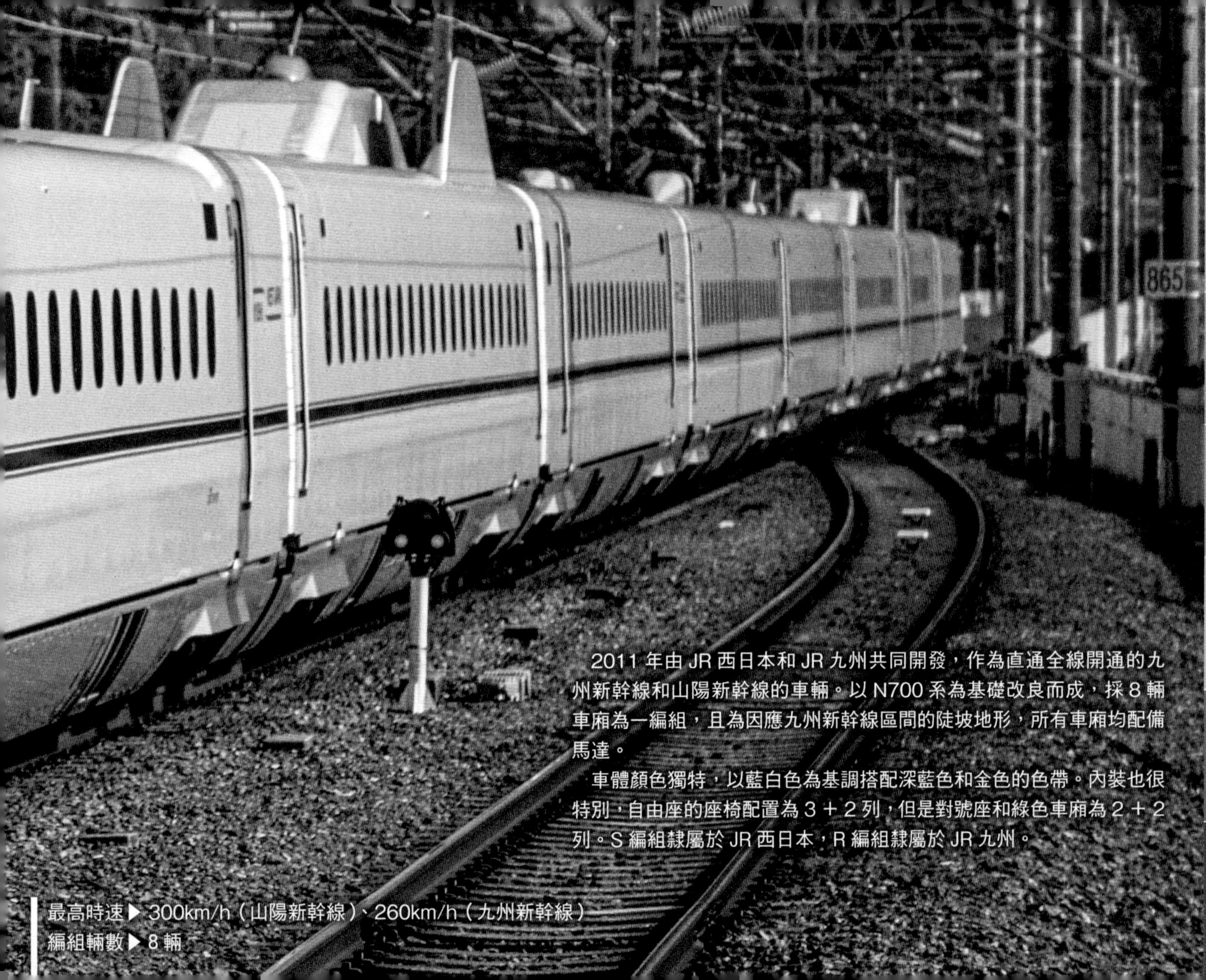

2011 年由 JR 西日本和 JR 九州共同開發，作為直通全線開通的九州新幹線和山陽新幹線的車輛。以 N700 系為基礎改良而成，採 8 輛車廂為一編組，且為因應九州新幹線區間的陡坡地形，所有車廂均配備馬達。

車體顏色獨特，以藍白色為基調搭配深藍色和金色的色帶。內裝也很特別，自由座的座椅配置為 3 ＋ 2 列，但是對號座和綠色車廂為 2 ＋ 2 列。S 編組隸屬於 JR 西日本，R 編組隸屬於 JR 九州。

最高時速▶ 300km/h（山陽新幹線）、260km/h（九州新幹線）
編組輛數▶ 8 輛

1
KYUSHU
WEST JAPAN

8
WEST JAPAN

北海道
秋田
東北
山形
上越
北陸
東海道
山陽
西九州
九州
鹿児島

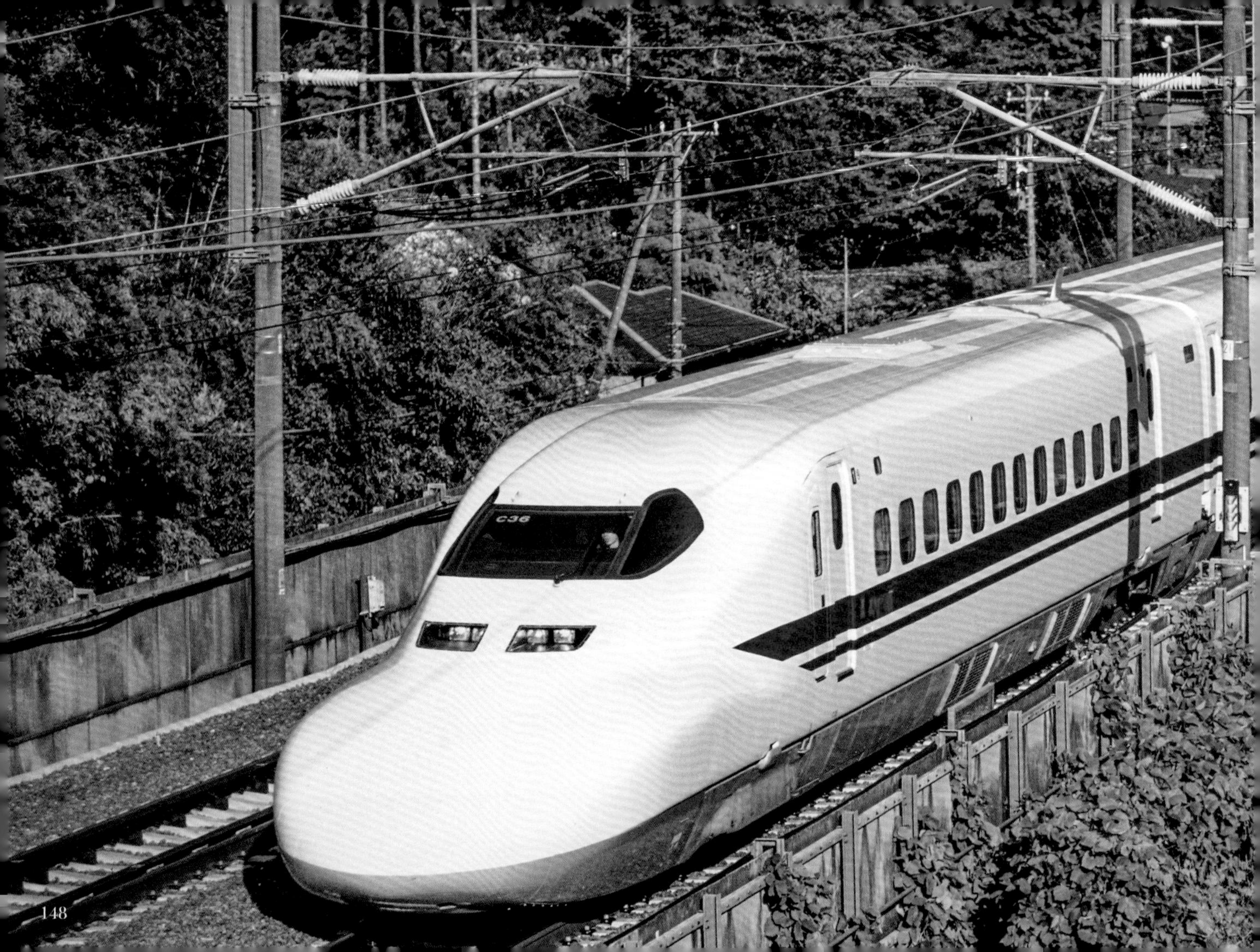
C36

# since1997 700系

C編組（JR東海）
B編組（JR西日本）

希望號
光號
回聲號

700 系是 JR 東海和 JR 西日本分別以 300 系、500 系的研發技術為基礎，共同開發出兼具高速性和舒適性的高 CP 值新幹線列車。東海道新幹線區間的最高時速為 270 公里，山陽新幹線區間為 285 公里。同時捨棄以往稜角分明的車鼻，改採用線條和緩的「氣動流線（Aero Stream）」造型。雖然車鼻較短，仍具有減緩隧道微氣壓波的功效。

JR 東海的 C 編組於 1999 年正式上線營運，JR 西日本的 B 編組於 2001 年投入服務。

最高時速▶ 270km/h（東海道新幹線）、285km/h（山陽新幹線）
編組輛數▶ 16 輛

「氣動流線」造型的車鼻雖然較短，仍可有效降低隧道微氣壓波及空氣動力噪音。最終的車鼻長度為 9.2 公尺，此長度對於運行速度高達 285 公里的山陽新幹線是有必要的

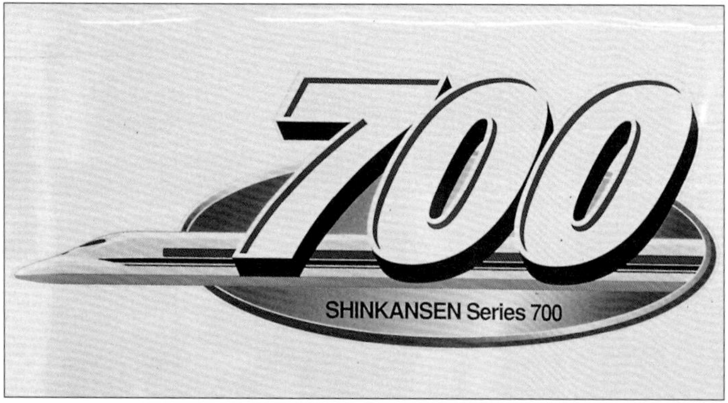


用於 C 編組和 B 編組列車的 700 系 Logo，上面有列車系列型號及新幹線的側面插圖

只用於 JR 西日本 B 編組的專屬 Logo，就放置在車頭的乘務員車門旁。藍色是 JR 西日本的代表色

由於其車頭獨特的形狀，被稱為鴨嘴獸。此車頭造型是以 JR 東海開發的試驗列車 300X，與 JR 西日本開發的 WIN350 等研究結果為基礎所設計

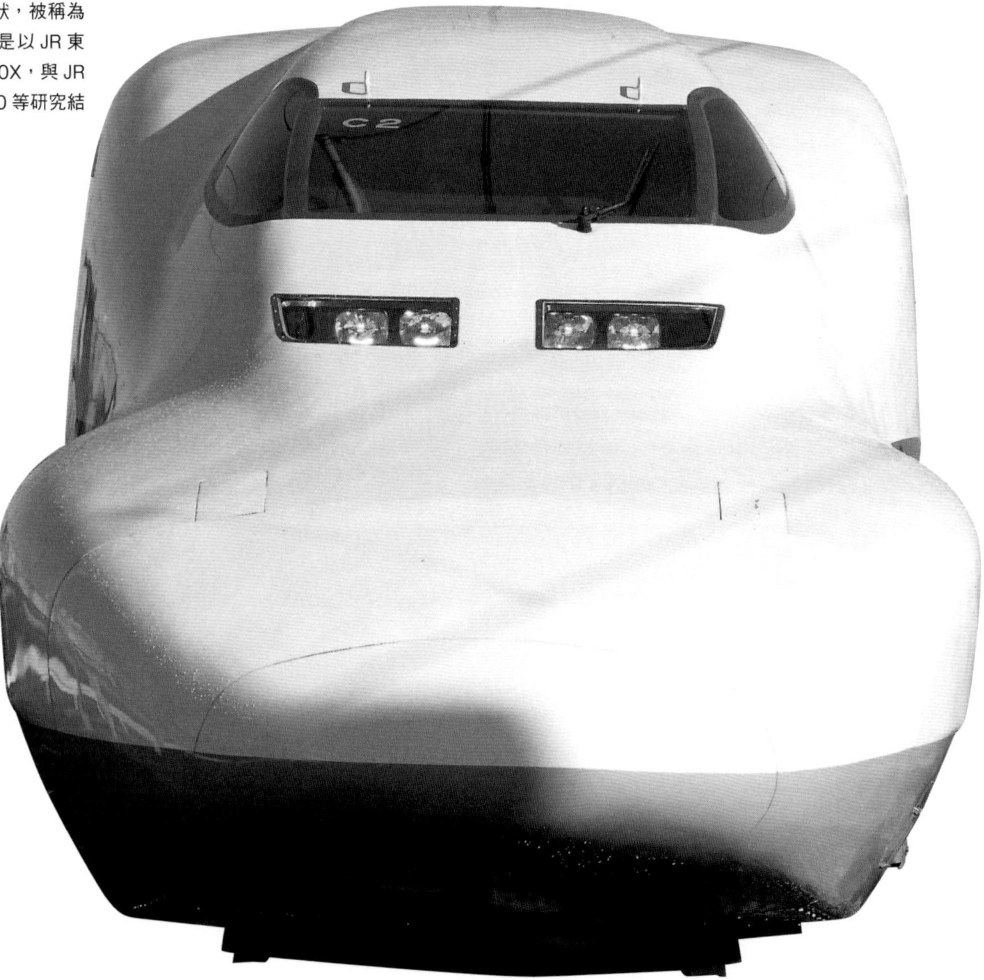

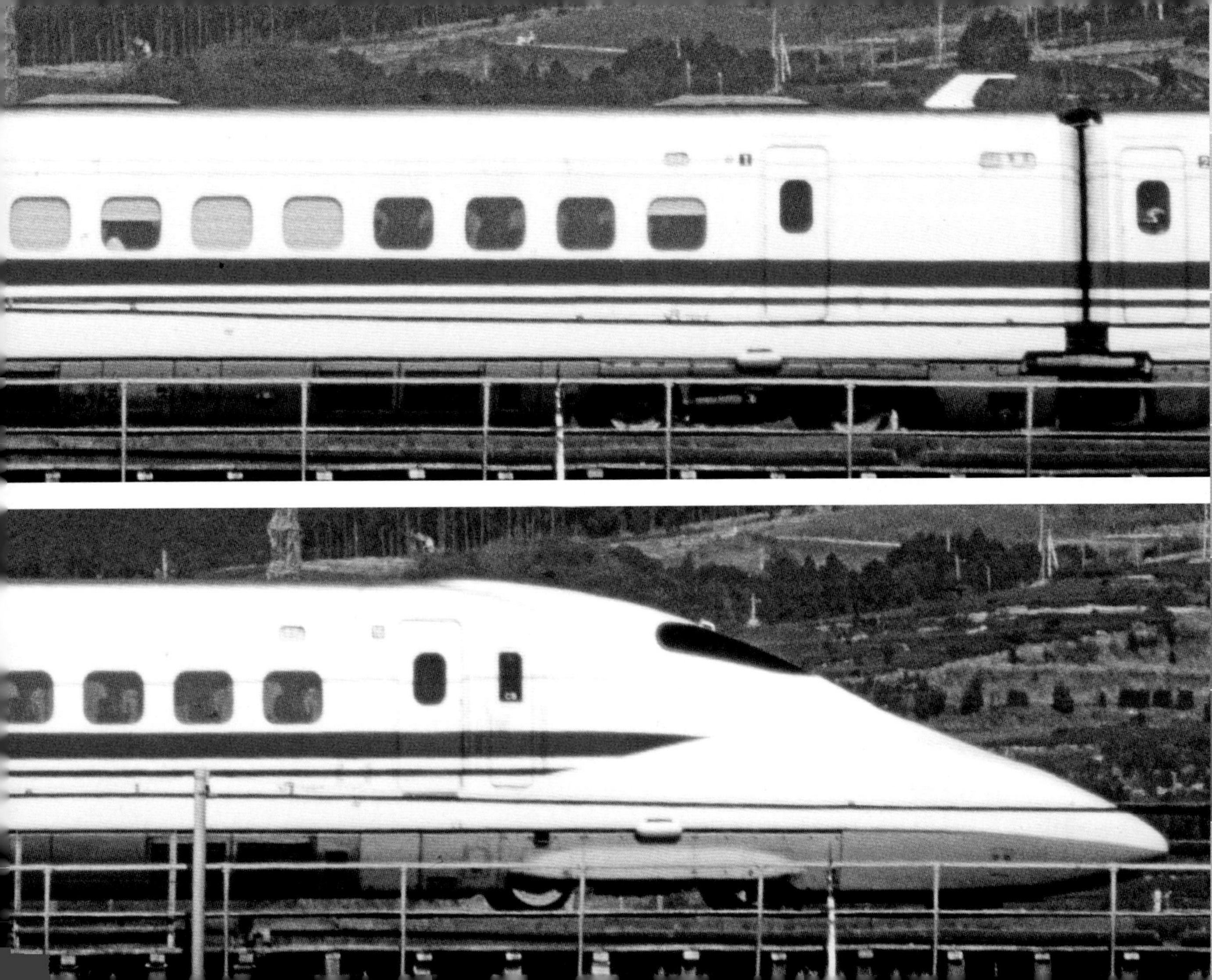

# 700系 since2000

## E編組（JR西日本）

光號

回聲號

　隨著設備老舊的 0 系「西日本光號」退場，「光號鐵路之星」從 2000 年開始運行於山陽新幹線。以 700 系為基礎打造而成，採 8 輛一編組的設計，車身配色為灰色底加上黑色和橘色的色帶。

　沒有設置綠色車廂，但備有包廂座位，且 4 ～ 8 號車為 2 ＋ 2 列的轎車型座椅。目前不只用於「光號」，也投入於「回聲號」的班次運用。

最高時速▶ 285km/h
編組輛數▶ 8 輛

69
68
E9
Rail Star
B.C.C

雖為 8 輛車廂編組，但最高時速仍可維持 285 公里。不僅以 2 小時 59 分就能連結新大阪～博多間，也是一款兼顧乘坐舒適性的車輛

光號鐵路之星的專屬 Logo，分別置於色帶及車頭的乘務員車門旁

駕駛室的周邊塗上了黑色，與
500 系新幹線的駕駛室相似

Rail Star
E7

Rail Star

北海道
東北 秋田 山形
上越
北陸
東海道
山陽
九州 西九州 鹿児島

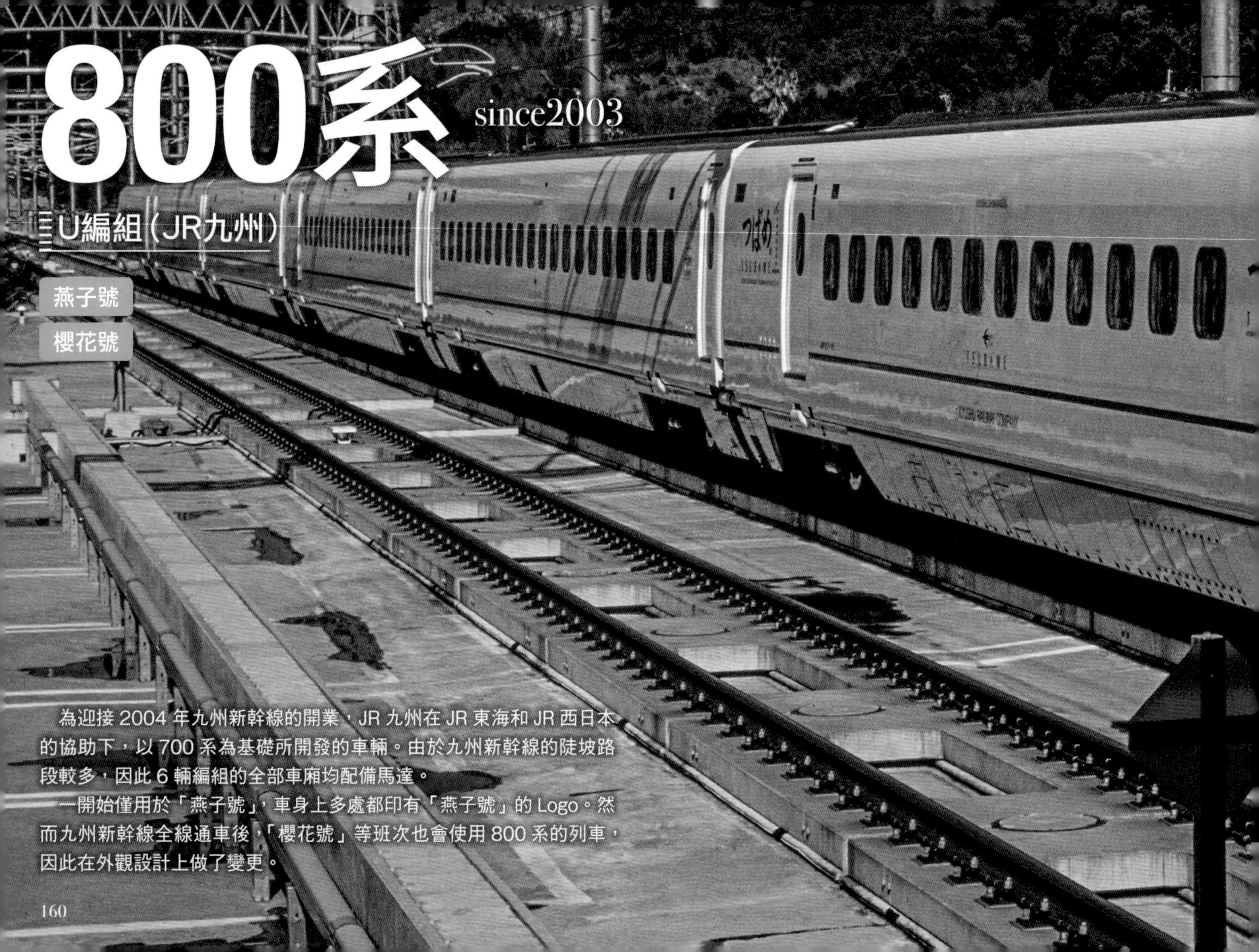


# 800系 since2003

## U編組（JR九州）

燕子號

櫻花號

為迎接 2004 年九州新幹線的開業，JR 九州在 JR 東海和 JR 西日本的協助下，以 700 系為基礎所開發的車輛。由於九州新幹線的陡坡路段較多，因此 6 輛編組的全部車廂均配備馬達。

一開始僅用於「燕子號」，車身上多處都印有「燕子號」的 Logo。然而九州新幹線全線通車後，「櫻花號」等班次也會使用 800 系的列車，因此在外觀設計上做了變更。

最高時速▶ 260km/h
編組輛數▶ 6 輛

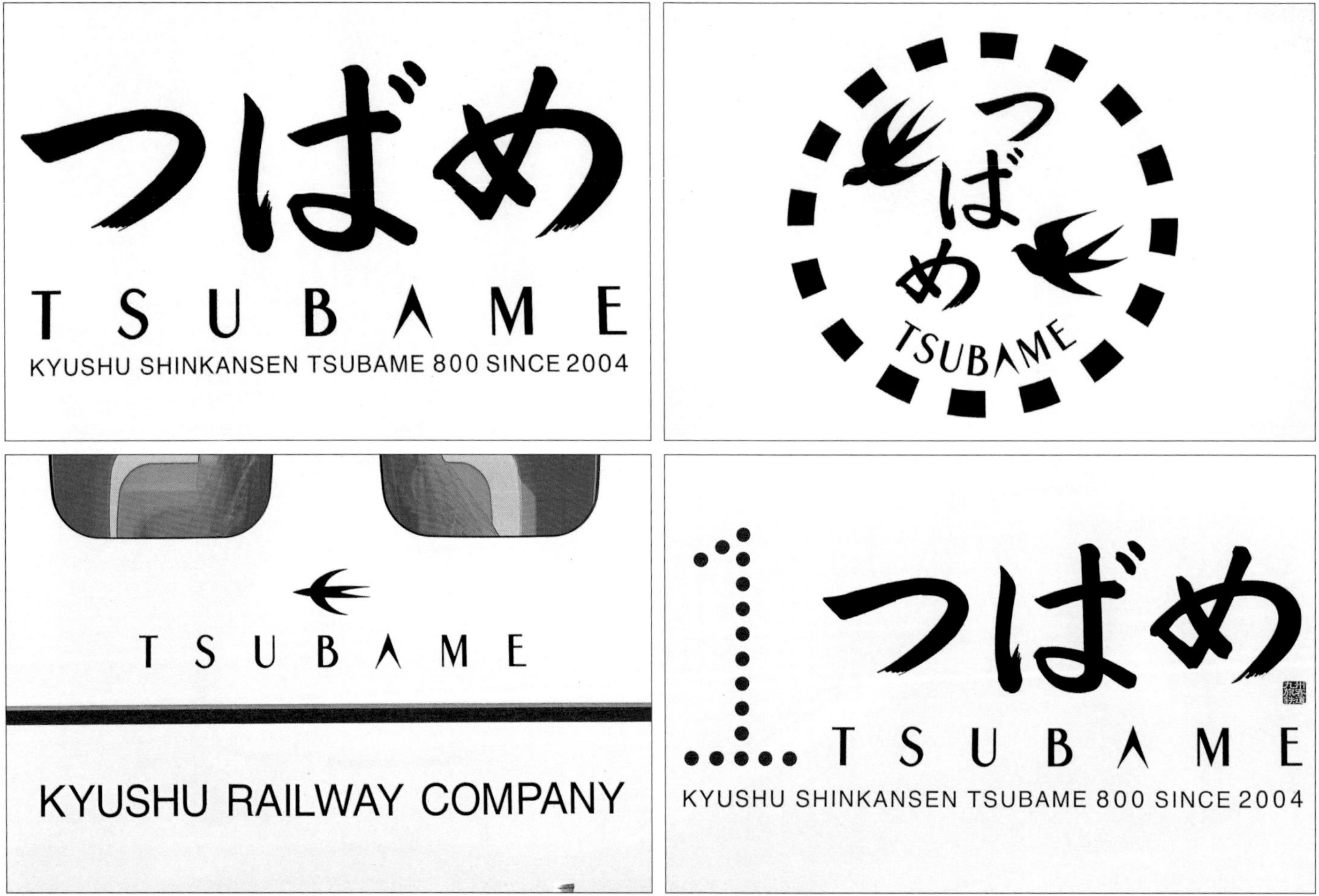


直到 2011 年九州新幹線全線通車前，車身上隨處可見的「燕子號」Logo。文字是由當時的石原進社長所撰寫

U 編組 0 番台的正面。車燈的造型與車體表面齊平

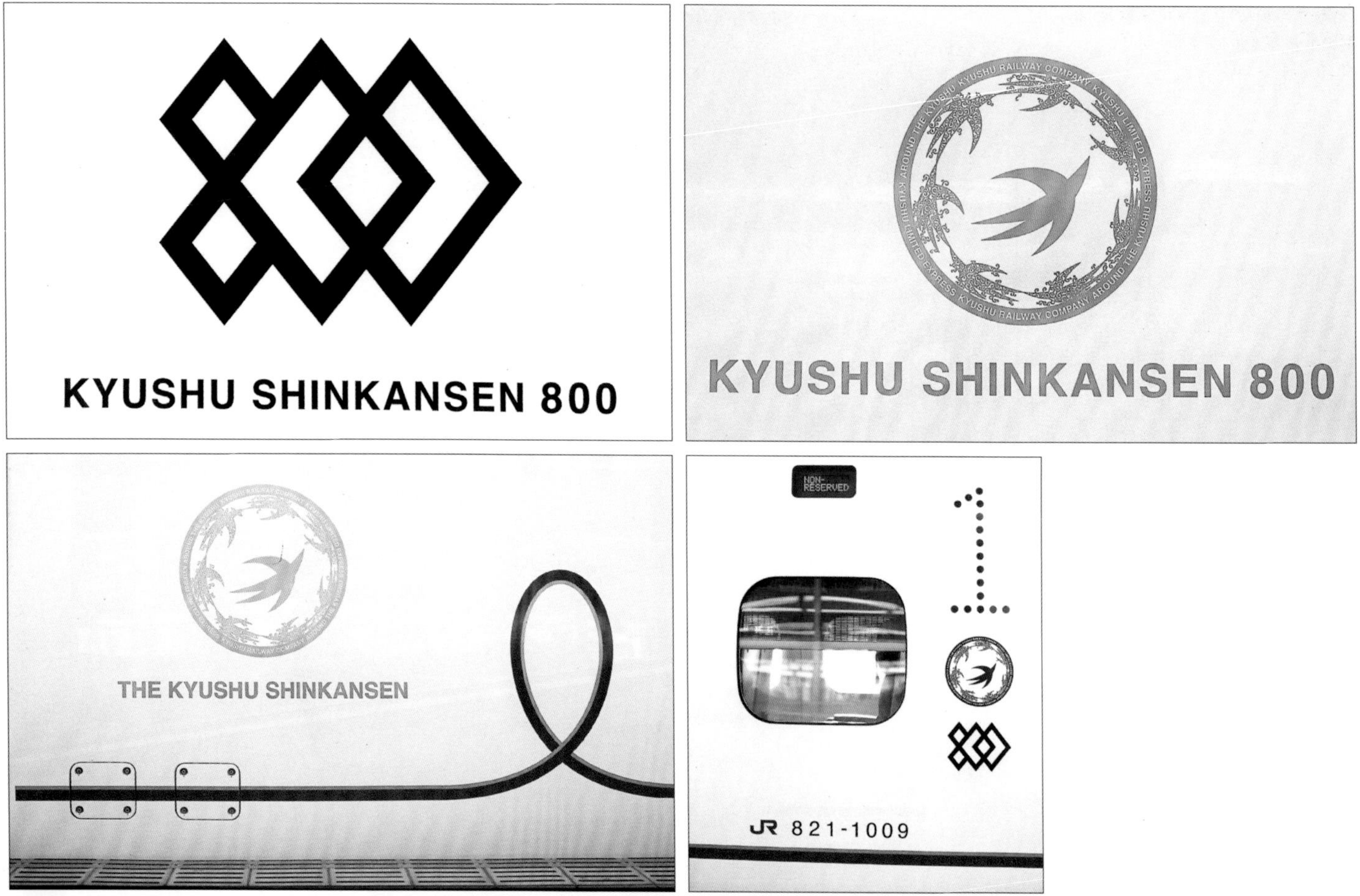

2009～2010 年登場的 1000 番台（U007、U009）、2000 番台（U008），車體側面有燕子飛行軌跡的紅色線條設計。2011 年初 0 番台和 1000 番台的外觀都做了修改，取消原本的「燕子號」Logo，改以燕子剪影和數字 800 作為 Logo 的設計主題

U 編組 1000 番台／ 2000 番台的正面。車燈的造型突出於車體表面，帶有球狀的感覺

KYUSHU SHINKANSEN 800
KYUSHU SHINKANSEN
JR 821-1007
KYUSHU RAILWAY COMPANY

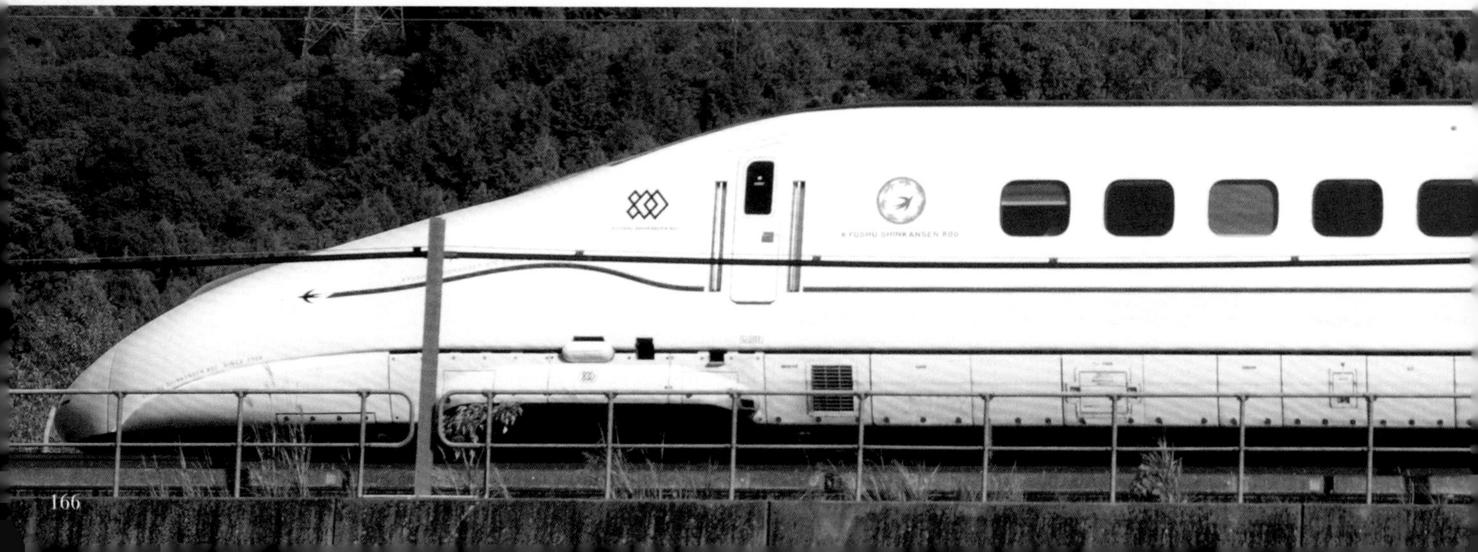
KYUSHU SHINKANSEN 800

KYUSHU SHINKANSEN 800

KYUSHU SHINKANSEN 800
JR 822-1107

# 500系 since1995

W編組（JR西日本）

V編組（JR西日本）

希望號

光號

回聲號

500 系是 JR 西日本為提升山陽新幹線對抗航空業的競爭力，以時速 350 公里為目標所開發的列車。1997 年用於山陽新幹線的「希望號」首次登場，2 小時 17 分即可連結新大阪～博多區間。後來也與東海道新幹線直通運行。為達到高速化的目的，本系擁有又尖又長的車鼻及列車截面接近圓形的特徵。

最高時速▶ 300km/h（山陽新幹線 / W編組）、285km/h（山陽新幹線 / V 編組）、270km/h（東海道新幹線）
編組輛數▶ 8 輛、16 輛

1995 年完工的量產先行車 W1 編組。駕駛室的左下方有個會車測試用的感測窗，為外觀上的最大特徵。當時車身上尚無 500 系的 Logo

量產車的車頭乘務員車門旁，完工後就已經印上 Logo

最具特色的車鼻長達 15 公尺，因此車頭的座位數與之前的車輛比起來相對較少

外觀有別於以往的廂型車輛，
500 系的車體截面幾近於圓形

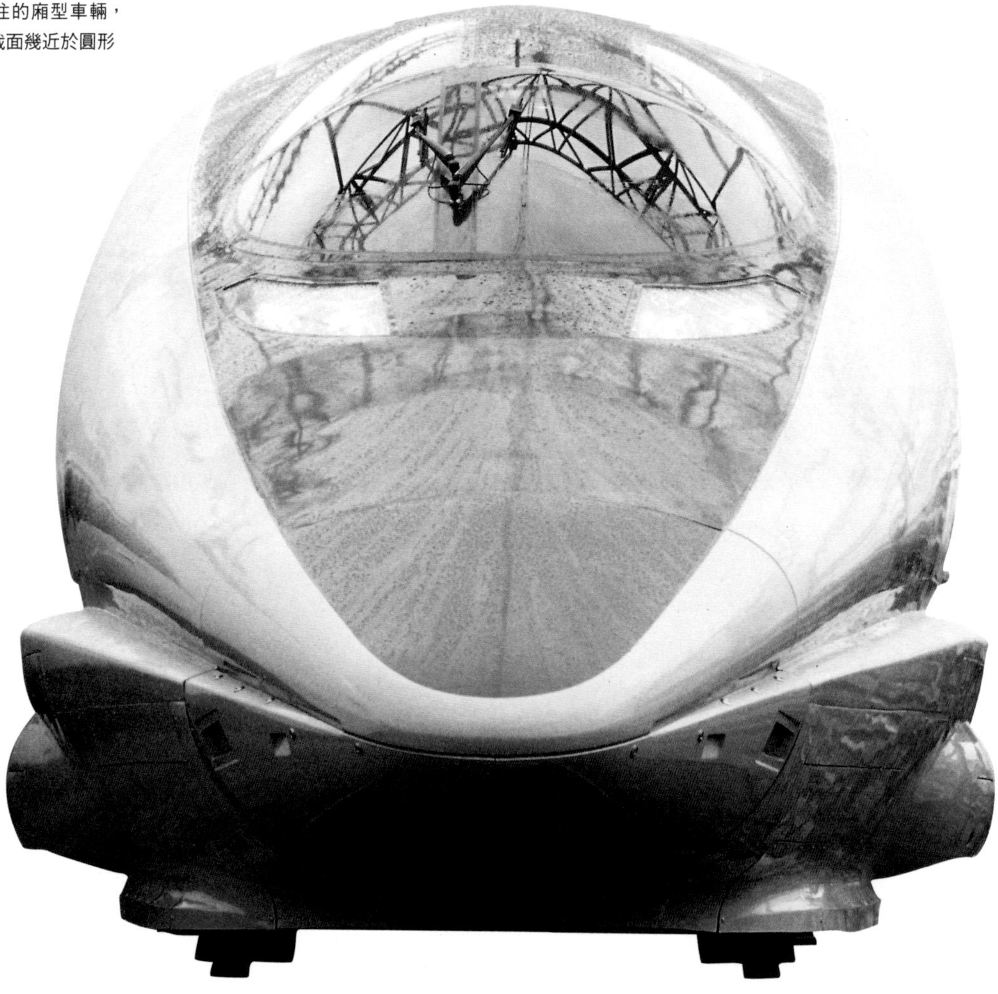

JR 500
WEST JAPAN

JR500
WEST JAPAN
W3

# 500系 since2015

## V2編組（JR西日本）

回聲號

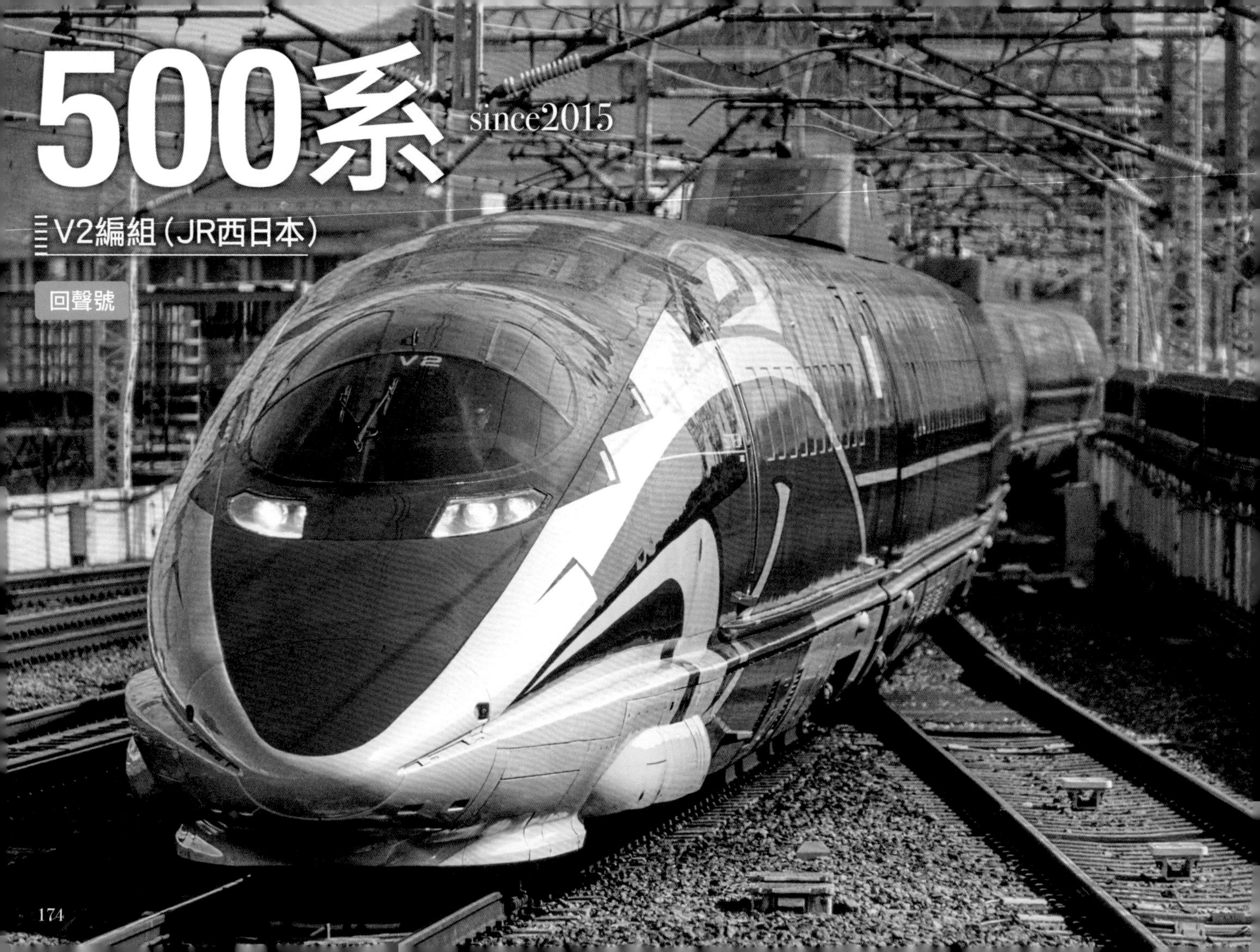

從 2008 年起，500 系逐漸被改造成 8 輛編組，主要用於山陽新幹線的「回聲號」。同時取消設置綠色車廂，全車都是普通車廂。

V 編組當中的 V2 編組，於 2015 年 11 月 15 日推出與動畫《新世紀福音戰士》聯名合作的車輛「500 TYPE EVA」。為紀念動畫播映 20 週年及山陽新幹線開業 40 週年的共同合作企劃，將車身塗裝改以 EVA 初號機的配色來呈現，並在 1 號車重現實物大的駕駛艙。

最高時速▶ 285km/h（山陽新幹線）
編組輛數▶ 8 輛

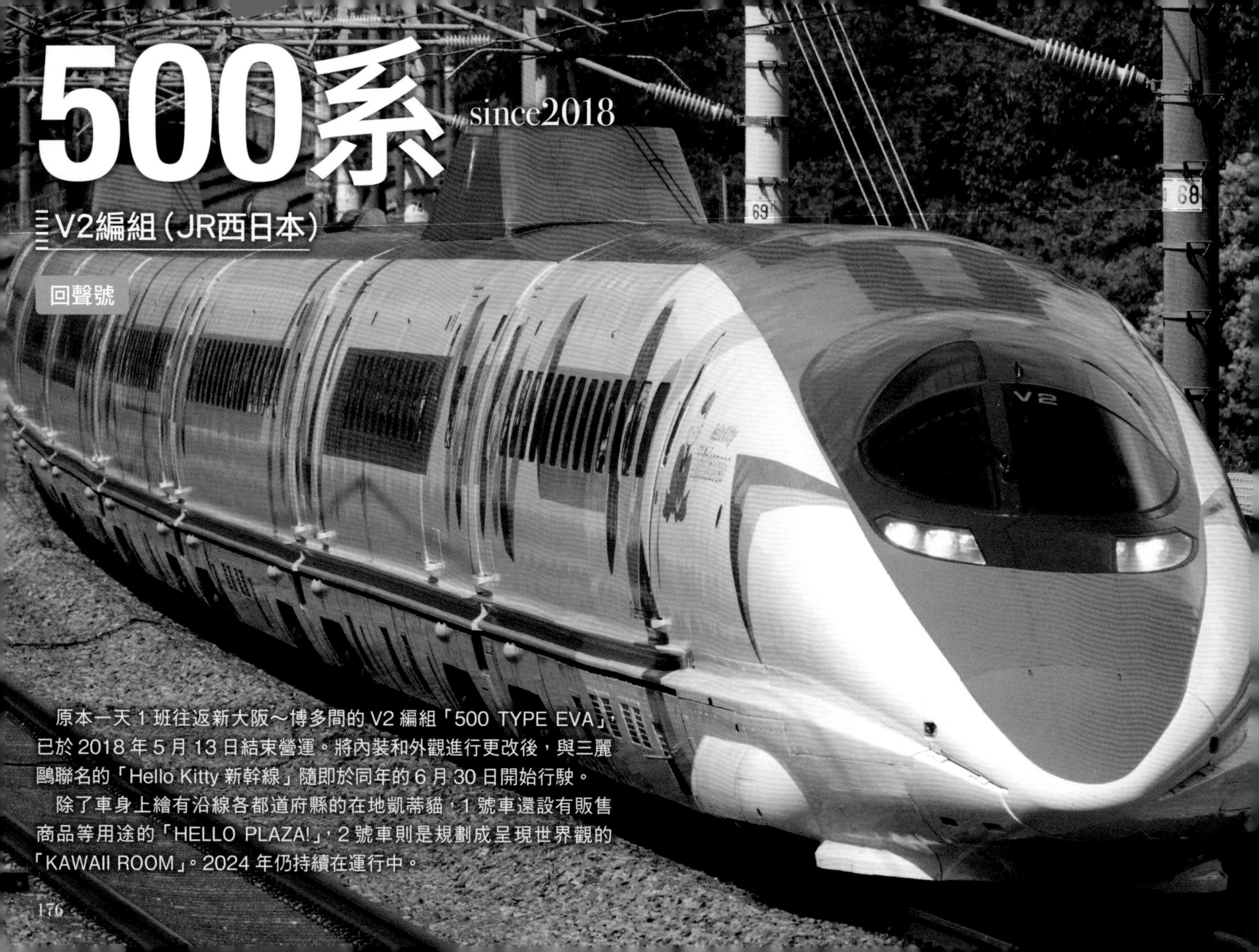


# 500系 since2018

## V2編組（JR西日本）

回聲號

原本一天 1 班往返新大阪～博多間的 V2 編組「500 TYPE EVA」，已於 2018 年 5 月 13 日結束營運。將內裝和外觀進行更改後，與三麗鷗聯名的「Hello Kitty 新幹線」隨即於同年的 6 月 30 日開始行駛。

除了車身上繪有沿線各都道府縣的在地凱蒂貓，1 號車還設有販售商品等用途的「HELLO PLAZA!」，2 號車則是規劃成呈現世界觀的「KAWAII ROOM」。2024 年仍持續在運行中。

最高時速▶ 285km/h（山陽新幹線）
編組輛數▶ 8 輛

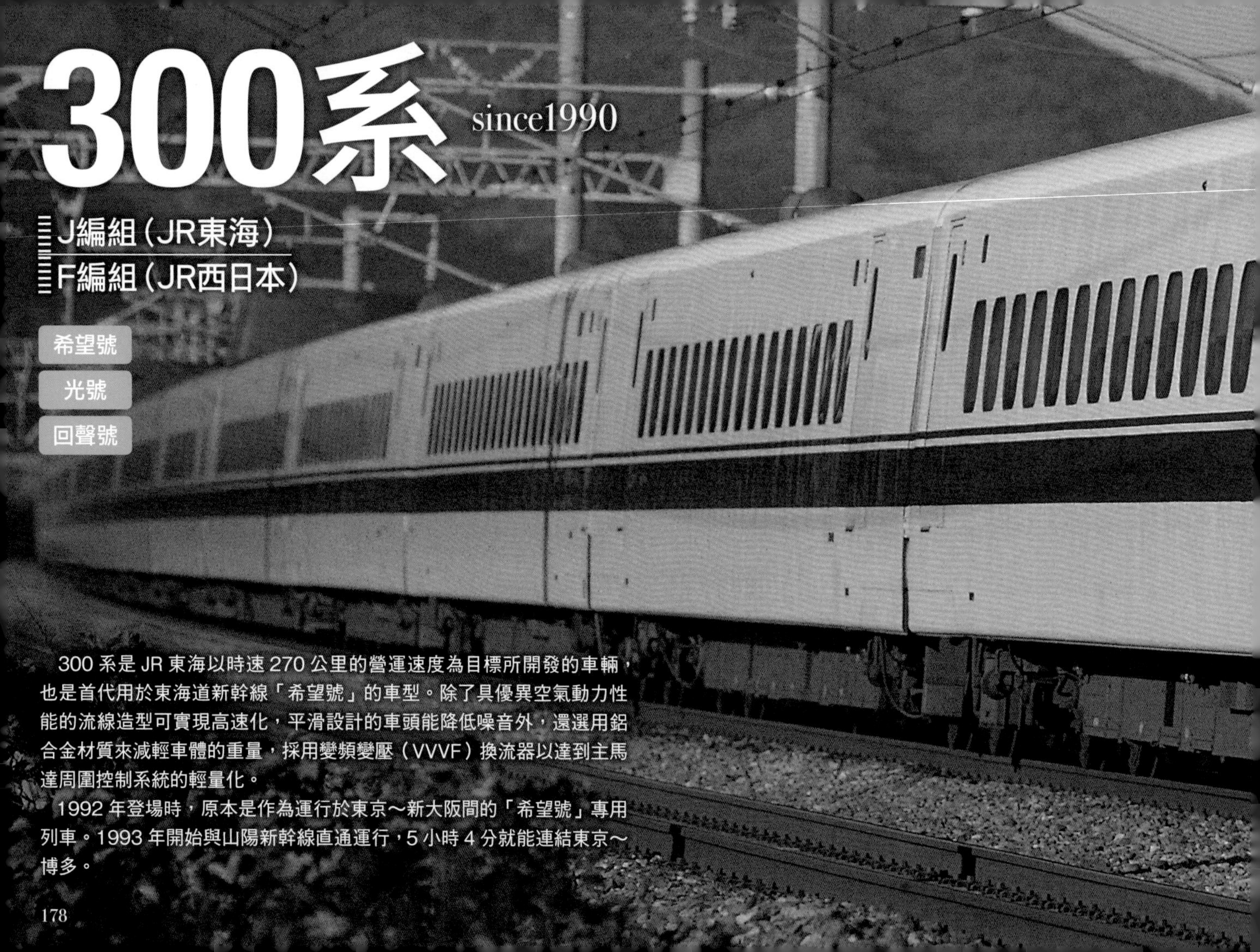

# 300系 since1990

J編組（JR東海）

F編組（JR西日本）

希望號

光號

回聲號

300 系是 JR 東海以時速 270 公里的營運速度為目標所開發的車輛，也是首代用於東海道新幹線「希望號」的車型。除了具優異空氣動力性能的流線造型可實現高速化，平滑設計的車頭能降低噪音外，還選用鋁合金材質來減輕車體的重量，採用變頻變壓（VVVF）換流器以達到主馬達周圍控制系統的輕量化。

1992 年登場時，原本是作為運行於東京～新大阪間的「希望號」專用列車。1993 年開始與山陽新幹線直通運行，5 小時 4 分就能連結東京～博多。

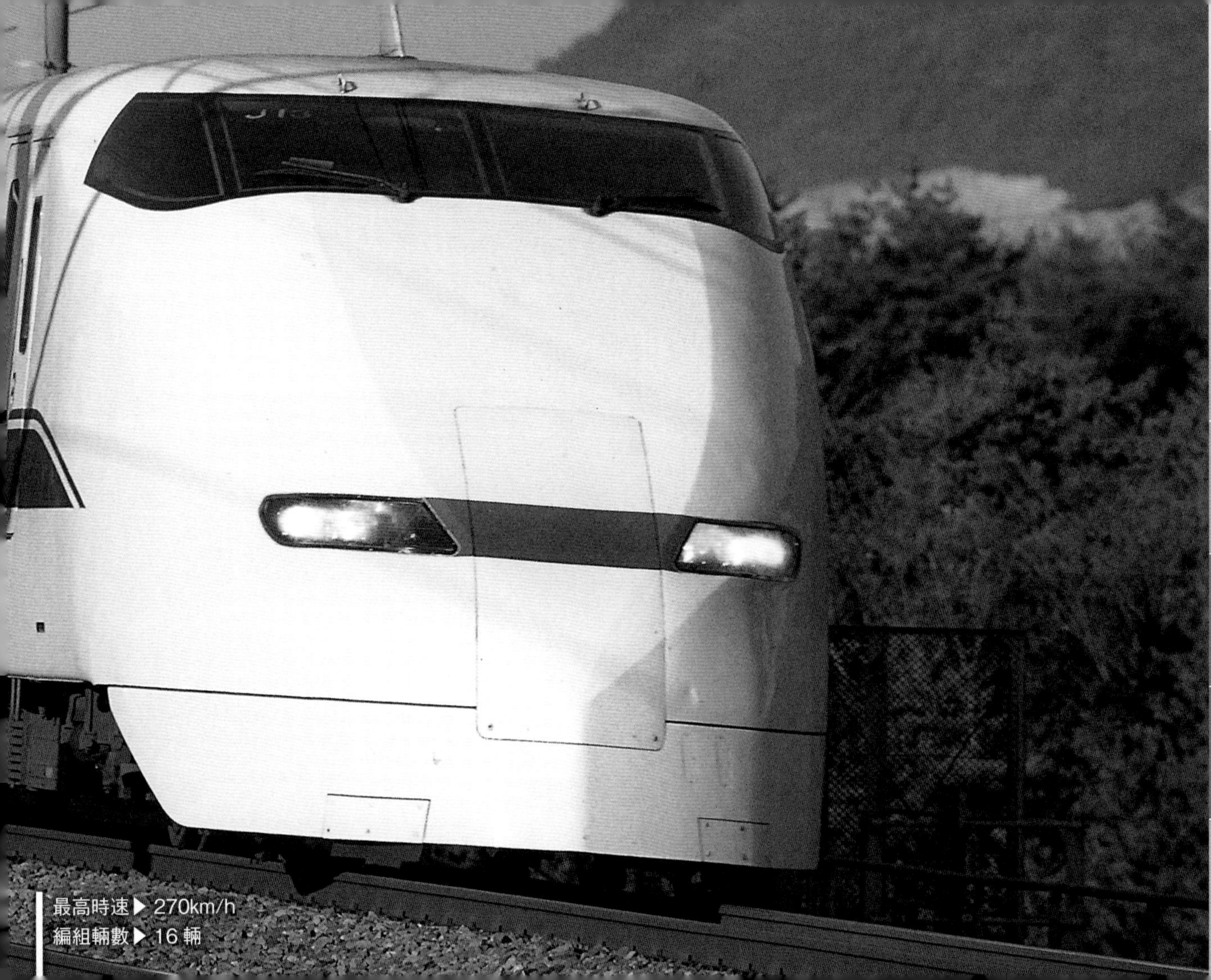

最高時速▶ 270km/h
編組輛數▶ 16 輛

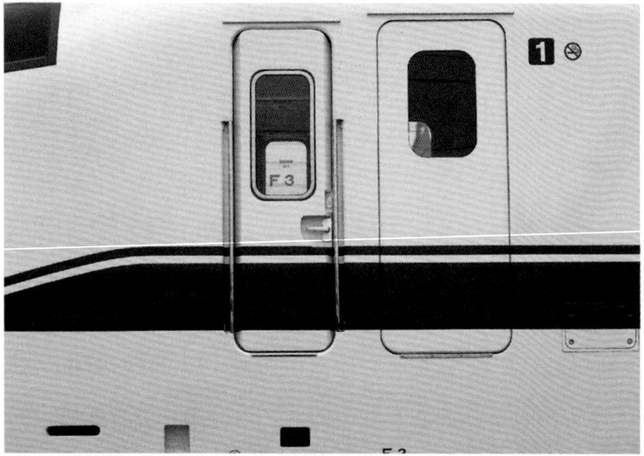


初期採用內嵌式車門，車門部分並無向內凹陷，後來改為拉門式車門

僅 1990 年製造的量產先行車 J0 編組上，印有以 300 系側面輪廓為設計主題的 Logo

J0 編組的正面。除了車燈的邊緣為四角形外，兩側的車身還向外隆起

打開車頭的引擎蓋，就能看到救援用的連結器摺疊收納在裡面

量產車 J 編組的正面。車燈的邊緣為圓弧形，兩側的車身並沒有向外隆起

# 100系 since1985

國鐵
JR東海
JR西日本

光號
回聲號

1985 年登場的東海道、山陽新幹線用車輛，設計風格與過去的 0 系截然不同。採用「鯊魚鼻」造型的銳利車頭，藉此減少空氣阻力並將時速提升至 220 公里。為首款擁有雙層車廂的新幹線列車，除了有食堂和自助餐廳，綠色車廂內還設有包廂。

1989 年由 JR 西日本開發的 V 編組投入服務，最高時速達 230 公里，其中還連結了 4 輛雙層車廂。

最高時速▶ 220km/h、230km/h（V 編組）
編組輛數▶ 12 輛、16 輛

基本上會連結 2 輛雙層車廂，有時甚至只有 1 輛。車身上印有代表「New Shinkansen」之意的 Logo

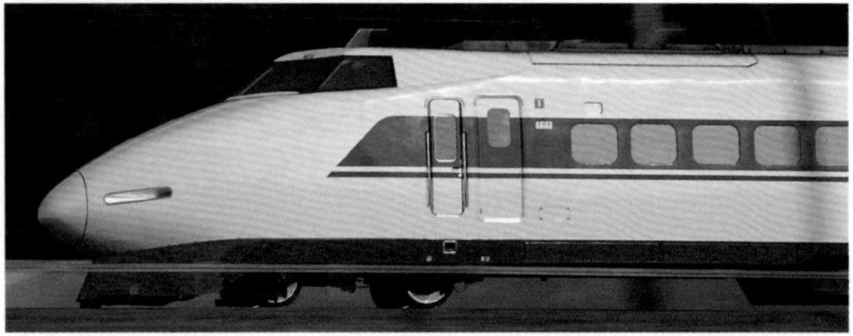

1985 年完工的量產先行車 X0 編組，側面窗跟 0 系的小窗車一樣小

1986 年完工的量產車 G 編組，側面窗比 0 系的大窗車還要長，車燈的角度也較和緩

100 系的車頭形狀與 0 系大為不同。配色從正面看起來並無差異，但側面的色帶的下方多加了一條細條紋

# 100系 since2002

## K編組（JR西日本）
## P編組（JR西日本）

回聲號

由民營化後的 JR 西日本以 G 編組、V 編組為基礎改造而成的山陽新幹線用車，分別於 2002 ～ 2003 年間推出 6 輛短編組的 K 編組，2000 ～ 2005 年間推出 4 輛短編組的 P 編組。

K54 編組以後的車輛及 2003 年左右的 P 編組，車體顏色被改為淺灰色底搭配嫩綠色色帶，但之後又恢復成原本白底藍帶的模樣。

最高時速▶ 220km/h
編組輛數▶ 4 輛、6 輛

# 0系 since1964

國鐵
JR東海
JR西日本

光號
回聲號

為全世界第一輛在營業用旅客鐵道上實現時速超過 200 公里的高速列車。1964 年 10 月 1 日，連結東京～新大阪間的東海道新幹線通車，0 系也開始投入「光號」和「回聲號」的班次運用，之後東海道、山陽新幹線長達 21 年間只有 0 系列車在上面奔馳。起初為 12 輛編組，隨著需求增加於 1970 年改為 16 輛編組。最高時速原本為 210 公里，1986 年時已提升到 220 公里。

1999 年結束在東海道新幹線的營運，2008 年從山陽新幹線引退。

最高時速▶ 220km/h
編組輛數▶ 4 輛、6 輛、8 輛、12 輛、16 輛

1964 年登場後推出的 0 番台車輛，車窗為長方形而且很大，又稱為大窗車

1976 年後登場的 1000 番台，車窗幾乎縮小成正方形，又稱為小窗車

1981 年後登場的 2000 番台，車窗的面積比 1000 番台再稍微大些，又稱為中窗車

1997 年後推出經過改良的中窗車改造車。在 200 頁也會提及，車身上多了一條細條紋的色帶

1000 番台的正面，基本上與 0 系的正面幾乎無異。只有初期製造的 0 番台車頭外蓋為壓克力材質，可以反射兩側的車頭燈和車尾燈。由於容易破裂，後來被換掉了

0 系曾作為天皇的御用列車，為了識別而在車燈周圍印有深藍色的色帶。照片攝於 1981 年 10 月 16 日。

16

1
H63
H63

16
H95
22-142

# 0系 since1988

## R編組（JR西日本）
## SK編組（JR西日本）

光號

回聲號

1984 年後山陽新幹線將 0 系進行短編組改造，推出 6 輛車廂的 R 編組等列車。民營化後的 1988 年，山陽新幹線內的速達型列車「西日本光號」也以 6 輛車廂的形式問世。由於大獲好評，也曾導入連結綠色車廂的 8 輛編組列車，1988 年還有加掛自助餐車擴大為 12 輛車廂的 SK 編組登場。用於「西日本光號」的車輛，除了車身上印有 W 的 Logo 外，色帶的下方還有一條細條紋裝飾。

最高時速▶ 210km/h
編組輛數▶ 6 輛、8 輛、12 輛

# 0系 since2002

## R編組（JR西日本）

回聲號

R 編組 7000 番台是由部分的 R 編組，以及原本用於「西日本光號」的 SK 編組改造而來，作為 6 輛車廂編組的「回聲號」使用。2002 年～2003 年烤漆顏色曾變更過。

與以往的 0 系風格完全迥異，改漆成灰底搭配嫩綠色的色帶。但在 2008 年退役前，又再度改回了白底藍帶的配色（無細條紋的原版）。

最高時速▶ 210km/h
編組輛數▶ 6 輛

# 檢測列車

安
全

# 922形 since1964

## T1編組（國鐵）

由 0 系新幹線的試作車「1000 形 B 編組」改造而來的車輛，也可說是 1964 年登場的第一代「Doctor Yellow」。可在時速 210 公里的高速狀態下，進行電力、訊號系統的檢測。

另外，軌道的檢測則交由 921 形進行。921-1 可在低速的狀態下自行行駛，也能在新幹線或火車頭的牽引下以時速 160 公里進行檢測；921-2 無法自行行駛，只能在牽引的狀態執行檢測。

921 形的軌道檢測車輛。左邊是可低速自走的 921-1，右邊是無法自行行駛的 921-2，兩輛皆於 1964 年登場

最高時速▶ 210km/h
編組輛數▶ 4 輛

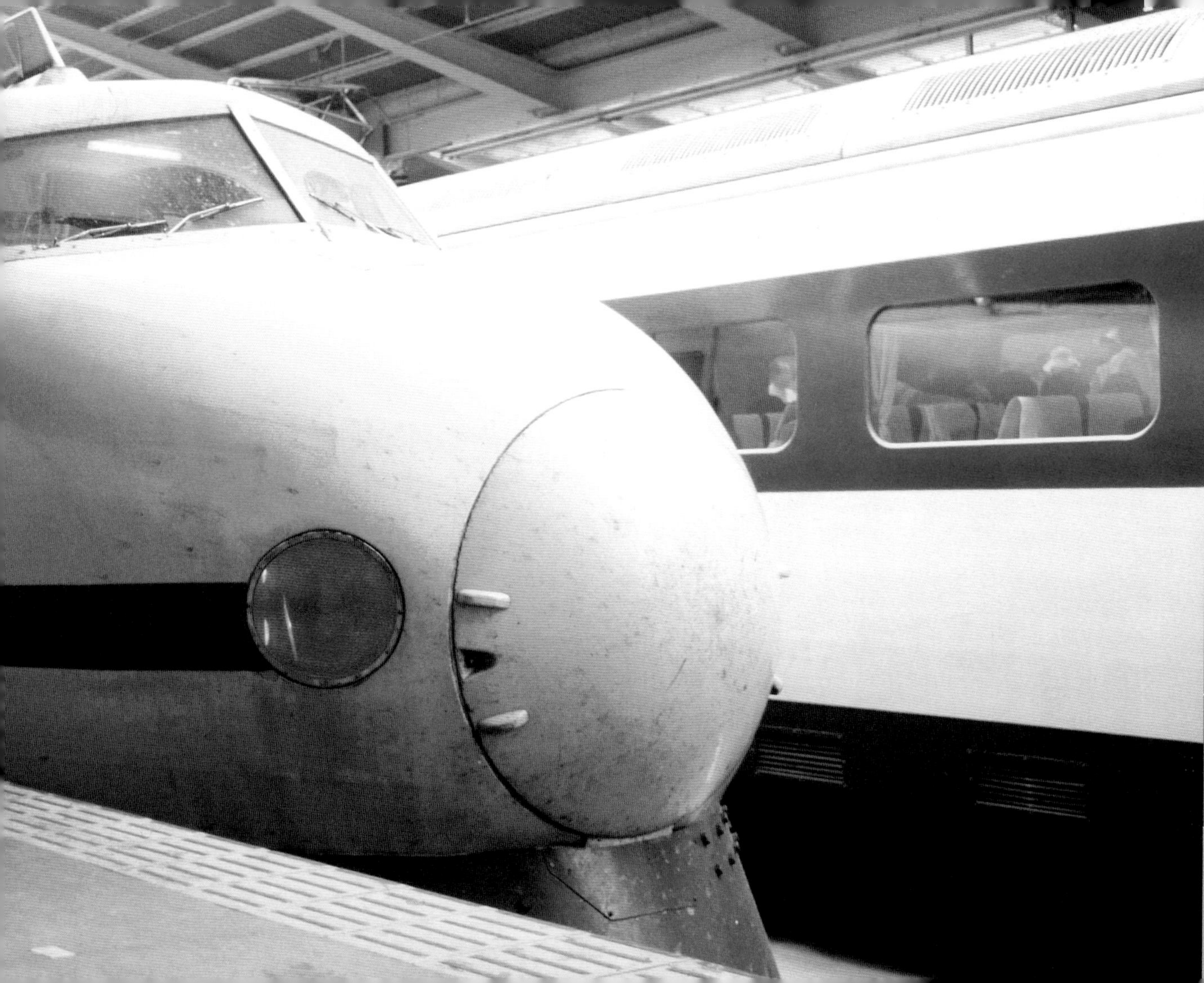

# 922形 since1974

## T2編組（國鐵→JR東海）

首輛可同時檢測軌道和電力、訊號的電力軌道綜合檢測車，只有一個編組。車體是以 0 系的大窗車為基礎，於 1974 年製造完成。由 7 輛車廂組成，特徵是在 5 號車安插了執行軌道檢測的 921 形高速軌道檢測車（921-11）。為了能在時速 210 公里下進行檢測，還設有光學測定裝置。

國鐵民營化後車輛歸由 JR 東海管轄，於 T4 編組登場後退役。

最高時速▶ 210km/h
編組輛數▶ 7 輛

車輛本身是以 0 系為基礎，因此除了車身顏色外，從正面看起來並無差異，但側面的車窗位置和大小有所不同

T3 編組登場後，為了執行新幹線列車之間自動分割併合的檢測，因此將 7 號車的結構改造成可以內藏連結器。從車尾算起的第 2 節車廂就是 911 形的 5 號車，車輛的長度較短且備有 3 個轉向架

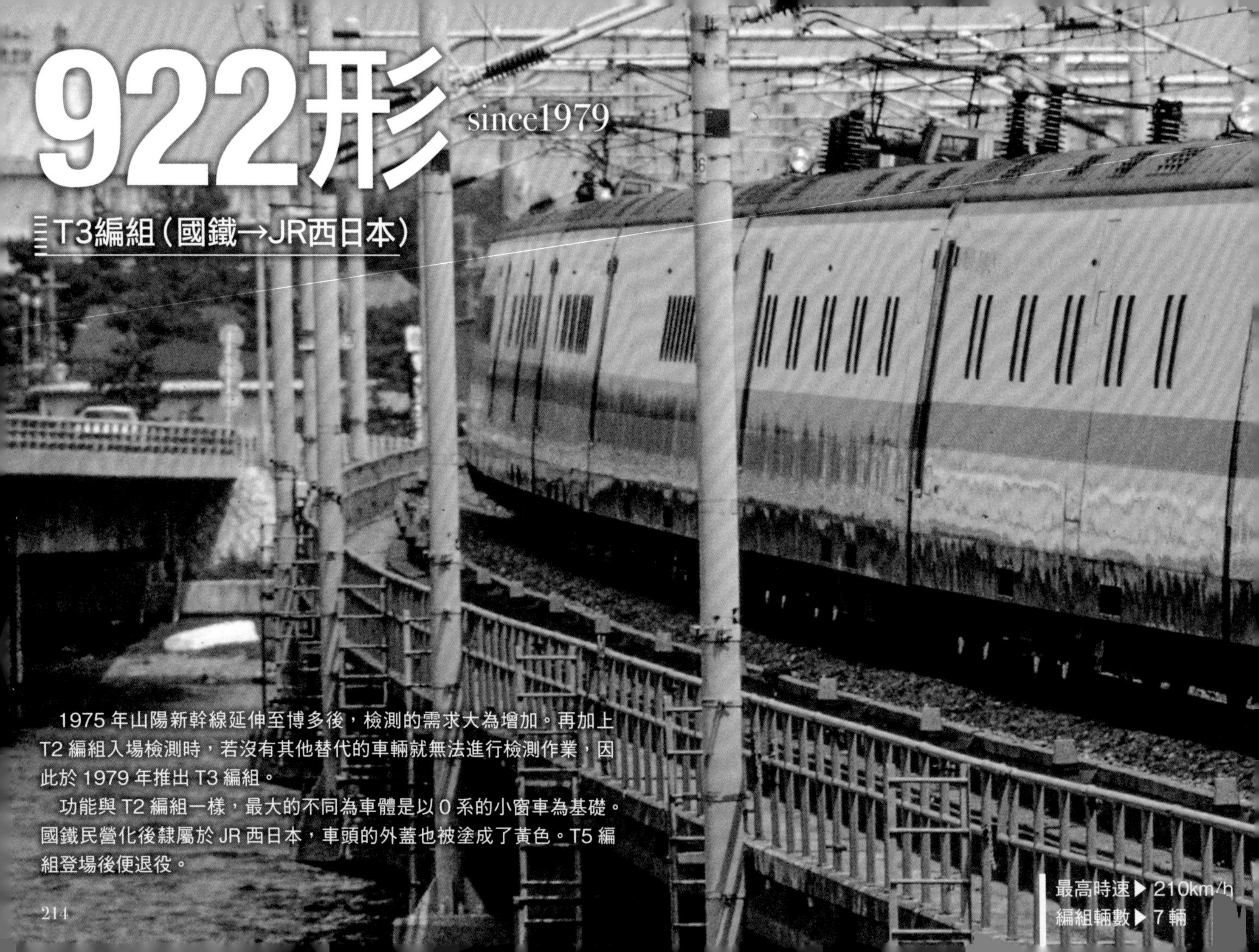

# 922形 since1979

## T3編組（國鐵→JR西日本）

1975 年山陽新幹線延伸至博多後，檢測的需求大為增加。再加上 T2 編組入場檢測時，若沒有其他替代的車輛就無法進行檢測作業，因此於 1979 年推出 T3 編組。

功能與 T2 編組一樣，最大的不同為車體是以 0 系的小窗車為基礎。國鐵民營化後隸屬於 JR 西日本，車頭的外蓋也被塗成了黃色。T5 編組登場後便退役。

最高時速▶ 210km/h
編組輛數▶ 7 輛

由 JR 西日本管轄後的 T3 編組，車頭的外蓋改塗成黃色，與 T2 編組的區別一目瞭然

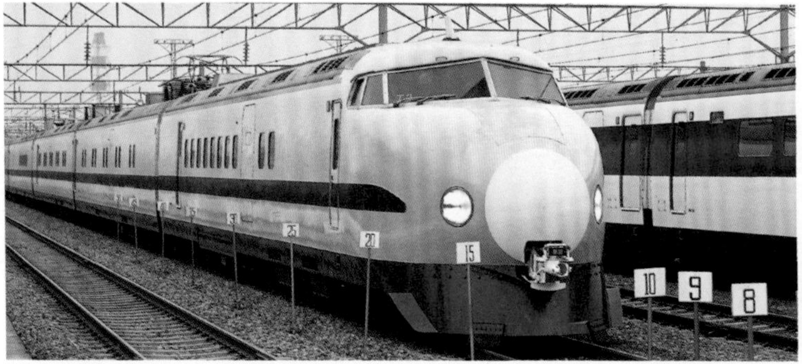

與 T2 編組進行自動分割併合的檢測模樣，測試的結果也實際運用在 JR 東日本的東北新幹線上

國鐵時代的 T3 編組。車頭外蓋還是白色塗裝，從正面看與 T2 編組難以區分

# 923形 since2001

## T4編組（JR東海）
## T5編組（JR西日本）

為因應速度不斷提升的新幹線，以 700 系的車體為基礎所開發的新型檢測車輛，可以在時速 270 公里的狀態下進行檢測。

2001 年隸屬於 JR 東海的 T4 編組登場，又以「Doctor Yellow」的暱稱廣為人知，目前仍在服役中。

2005 年以 700 系 3000 番台為藍本的 T5 編組登場，為隸屬於 JR 西日本的檢測車輛。規格基本上與 T4 編組相同。T4 編組跟 T5 編組預計陸續於 2025、2027 年退役。

最高時速▶ 270km/h
編組輛數▶ 7 輛

T4

T4 編組和 T5 編組皆為 7 輛車廂編組。與 T2 編組、T3 編組不同，軌道檢測功能也是由 923 形來執行

將車鼻打開來的模樣，內藏
有救援用的連結器

與 700 系的差別是車頭裝設有監視器，給人的印象也大為不同

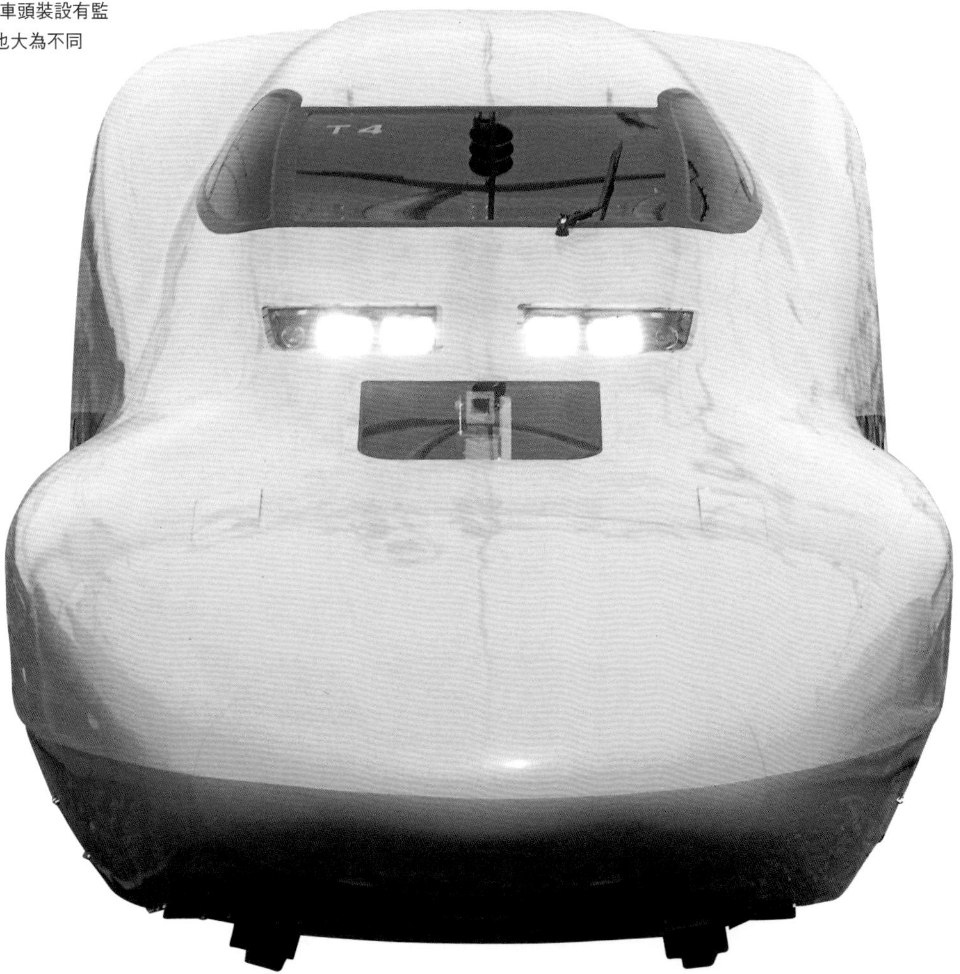

T5

# 925形 since1979

## S1編組（國鐵）

1979 年登場的檢測車輛，是以東北、上越新幹線的試作車 962 形為藍本設計。登場前會在東北新幹線開業前的仙台新幹線基地～北上間執行設備檢查，以及針對雪災對策的實際運行測試，並根據這些結果開發出 200 系的列車。5 號車與 922 形 T2 編組一樣，都有安插執行軌道檢測的 921-31，因此車廂長度較短且備有 3 個轉向架。

東北、上越新幹線通車後，則作為電力軌道綜合試驗車使用。

最高時速▶ 210km/h
編組輛數▶ 7 輛

最高時速▶ 210km/h
編組輛數▶ 7 輛

since1984

# 925形

## S1編組（國鐵→JR東日本）

為配合 925 形 S2 編組的登場，1984 年曾更改烤漆顏色，但功能上並無差別。專門作為東北新幹線及上越新幹線的電力軌道綜合試驗車使用。

於 1998 年北陸新幹線長野開業時，將車輛改造成能對應 50Hz 和 60 Hz 兩種電源頻率。

2002 年在 E926 形登場後已正式退役。

1983 年登場的電力軌道綜合測試車，是以 200 系的試作車 962 形為基礎改造而成。

由於原本是營業用車輛的試作車，所以改裝後將部分車窗封起來，成為外觀上的一大特徵。

與 S1 編組一樣，將軌道檢測車 921-41 安插在 5 號車的位置。長度比其他車廂短 17.5 公厘，轉向架也有 3 個。

2002 年在 E926 形登場後已退出服務。

最高時速▶ 210km/h
編組輛數▶ 7 輛

since1983

# 925形

## S2編組（國鐵→JR東日本）

不只檢測軌道，也可以用在高速測試上。但在高速測試時，會將 5 號車拆卸下來

被拆卸下來的 5 號車 921 形（921-41），可明顯看到有 3 個轉向架

車身配色以黃色 1 號為底，搭配綠色 14 號。在前身的 926 形時代，則是採用新幹線的基調色——奶油 10 號和淡綠色

# E926形 since2001

## S51編組（JR東日本）

2001 年登場，以 E3 系為基礎，為 JR 東日本第一輛電力軌道綜合試驗車。最大的特色是不僅能行駛於新幹線區間，也能在秋田新幹線、山形新幹線等在來線區間（迷你新幹線）執行檢測。

車上還備有電源頻率的切換裝置，因此檢測範圍可遠至使用 60Hz 交流電的北陸新幹線輕井澤～上越妙高間，以及 JR 西日本北陸新幹線區間的上越妙高～金澤間。

最高時速▶ 275km/h
編組輛數▶ 6 輛

車身上印有暱稱「East i」的 Logo，也是首輛有放上 Logo 的電力軌道綜合試驗車

與 E3 系營業用車不同的地方，是車頭設有監控軌道及周邊結構的車前影像錄影裝置。外觀的設計概念為「21 世紀的先鋒（開拓者）」，白色代表 21 世紀，側邊的紅色色帶及正面的紅色遮罩代表「先鋒」

East i

北海道
東北
秋田
山形
上越
北陸
東海道
山陽
九州
西九州
鹿児島

國家圖書館出版品預行編目資料

新幹線寫真書：用大圖片欣賞0系到最新E8系的各種塗裝／RGG-PHOTO作；許懷文翻譯.
- 第一版. -- 新北市：
人人出版股份有限公司，2024.12
面；　公分．－（日本鐵道系列6）
ISBN 978-986-461-417-2（平裝）

1.CST：高速鐵路　2.CST: 鐵路車輛　3.CST: 日本

557.2631　113016584

【日本鐵道系列6】

# 新幹線寫真書

**用大圖片欣賞 0 系到最新 E8 系的各種塗裝**

作者／RGG-PHOTO
翻譯／許懷文
編輯／林庭安
出版者／人人出版股份有限公司
地址／231028新北市新店區寶橋路235巷6弄6號7樓
電話／(02)2918-3366 (代表號)
傳真／(02)2914-0000
網址／www.jjp.com.tw
郵政劃撥帳號／16402311人人出版股份有限公司
製版印刷／長城製版印刷股份有限公司
電話／(02)2918-3366(代表號)
香港經銷商／一代匯集
電話／（852）2783-8102
第一版第一刷／2024年12月
第一版第二刷／2025年1月
定價／新台幣380元
港幣127元

タイトル：大きな写真で見る！　新幹線ビジュアルブック
著者：レイルウェイズ　グラフィック

This book was first designed and published in Japan in 2021 by Graphic-sha Publishing Co., Ltd.
This Complex Chinese edition was published in 2024 by Jen Jen Publishing Co.,Ltd.
Complex Chinese translation rights arranged with Graphic-sha Publishing Co., Ltd. through 株式会社クリーク　アンド　リバー社

Original edition creative staff
Art direction: Hiromi Adachi (adachi design laboratory)
Design: Yuu Komiyama
Editing: Akira Sakamoto (Graphic-sha Publishing Co., Ltd.)
Photos: Hiroshi Ushijima
Special Thanks: Naoto Sengoku

魔豆

魔豆

副隊長
御我——著
J.U.——插畫
吾命騎士・特典

該怎麼送亞戴爾回鄉休假呢？

維達抱著昏迷中的亞戴爾，正思考該如何做時，一個人急匆匆地快步經過，他抬頭一看，那是白雲小隊的副隊長路齊，對方永遠都在匆忙找他家隊長的路上。

白雲騎士長剛開完會就又失蹤了？

路齊快步走過去發現不對勁，連忙回頭看了一眼，發現維達真的抱著亞戴爾後，他臉色一變，立刻走回去關心地問：「亞戴爾怎麼了？」

維達簡單回：「被審判長打暈了。」

「呃？」路齊難以想像嚴肅的審判長會做這種事：「審判長不怕太陽騎士長知道以後會偷偷報復——咳咳，我什麼都沒說！」

「隊長當著太陽騎士長的面打的。」

「……喔，那就沒事了，你是要把亞戴爾送去光明殿治療嗎？」

路齊有點疑惑，在他匆忙走過去之前，維達好像是站在路邊發呆？

維達認眞地說：「不，隊長讓我送亞戴爾回家鄉去，我正在想該怎麼完成任務。」

路齊不解地問：「這還須要想什麼辦法？等亞戴爾醒來，你們一起騎馬回去不就好了嗎？」

「絕對不行！」維達搖頭說：「太陽騎士長被審判長關禁閉，亞戴爾一定不肯在這個時候抛下太陽騎士長回鄉。」

「什麼！」路齊嚇得聲音都變了調：「審判長把太陽騎士長關禁閉室？這是眞的嗎？」

維達認眞點頭回：「眞的。」

這還眞是前所未見的事情，雖然大家都知道太陽騎士長有點兒怕審判長……不不，是大家都怕！絕對不是太陽騎士長特別怕！

但關禁閉卻史無前例，搞不好還眞是光明神殿史上頭一遭，太陽騎士居然被審判騎士關禁閉！

路齊深呼吸幾口氣，想著等等偷偷跟隊長說一聲，看隊長想不想救——等等！

「審判長關太陽騎士長禁閉的時候，我家隊長在嗎？」

「在。」

路齊立刻拍拍對方的肩：「你可以把亞戴爾綁起來丟進馬車載回家，還有啊，千萬別跟亞戴爾說是我提議的，我現在要去找隊長了，再見！」

說完後他就迅速逃離現場，只遠遠傳來叮囑：「記得用鐵鏈綁，還要多綁幾條，亞戴爾很強的！千萬別說是我提議的～～」

維達看著路齊跑遠的背影點了點頭。

確實，不用鐵鏈綁不住，從他第一次被亞戴爾打飛手上的劍就明白這點，應該說，當時全聖殿都明白亞戴爾的實力。

那一年是遴選下任十二聖騎士隊伍成員的重要年度，所有聖騎士都卯足勁想在年度考核中獲得好成績，維達也是其中之一。

亞戴爾是當時最受注目的人，因為他的劍術實在太好了，甚至連當時的太陽騎士在聽聞後都跑來切磋，過後，太陽騎士就把亞戴爾預定成學生的隊員，哪怕其他十二聖騎士抗議哪有人先偷搶都沒用。

所有人都非常羨慕亞戴爾，羨慕到排上長長的挑戰隊伍，每個人都想揍他，維達當時也去排隊了，但他只是想試試對方的劍術到底有多好，真的！

亞戴爾笑著接受所有挑戰，足足打了一下午都沒把隊伍打完，到最後，他直接躺倒在地上大聲說：「不打啦！真的舉不起劍了，我就躺這讓你們踩踩吧！」

大家都笑了，一個個擠上前又踹又踏，但動作都相當輕。

維達也上前踩踩，但只踩頭髮這種不會痛的地方。

亞戴爾歪過頭去看著他，笑道：「你看起來好小，滿十五歲了嗎？這麼小就想選十二聖騎士的隊員嗎？真厲害呀——」

「我十七歲了！」維達腳下一個用力。

「哎別扯我頭髮痛痛——這不是我的錯吧，你看起來就真的很小，不是謊報年齡吧痛痛——」

回想起兩人初次認識的往事，維達面無表情地決定等等鐵鏈多綁兩條。

♣♣♣

「維達？」

亞戴爾花了點力氣才讓自己從側躺在馬車座椅上變成坐起身來，他低頭看著自己身上纏著滿滿的鐵鏈，就算坐起來了，他都是隔著鐵鏈坐在座椅上。

如果對面坐著的人不是維達，亞戴爾肯定覺得是自己做的哪件事被拆穿，現在被人挾怨報復，而且十有八九是上次帶隊圍毆傑蘭伯爵三子的事情，其他事要不是太久遠，就是對方能力不夠，不可能有辦法綁架自己。

維達認真交代：「審判長讓我轉達你『因公受傷』獲准放病假返鄉休養一個月，你所有的工作將會由太陽騎士長親自完成，病假期間，若是審判長在聖殿看見你一次，太陽騎士必須親自批改公文的時間就會多一個月！」

亞戴爾立刻詢問：「我家隊長怎麼了？」

「被審判長關進禁閉室了。」

維達回答的同時，隨時預備著對方聽到以後會掙脫束縛，逃回聖殿去救太陽騎士長。

亞戴爾臉色一變，但他沒有激動，而是思考後追問：「因爲隊長之前失蹤的事情，所以被審判長懲罰了嗎？」

維達點了點頭。

「好吧。」

出乎維達意料之外，亞戴爾並沒有掙扎著想逃脫回聖殿救太陽騎士長，他喃喃道：「隊長這次確實太過分了，要去做危險的事情卻一個人都不帶上，就算不想帶其他十二聖騎士，至少要帶上我！明明隊長平時都派我去做那麼多暗搓搓的任務——咳咳，一定是上次戰神之子打傷我，害隊長擔心我再受傷，所以才自己一個人去！」

維達默默聽著。不愧是亞戴爾，千錯萬錯都是別人的錯，反正不會是太陽騎士長的錯。

亞戴爾打著商量：「維達，我不會逃回聖殿，能不能放開我？」

維達想了想後搖頭說：「快抵達村子之前再鬆綁。」

他還是擔心亞戴爾只是在作戲，實際上仍想回聖殿救太陽騎士長。

「……沒得商量嗎？我家有點距離呢。」

維達非常堅持地搖了搖頭。

雖然早就知道維達的個性便是這麼耿硬，但亞戴爾還是忍不住深呼吸一口氣，十分認眞地說：「我以光明神……與隊長的名義發誓我會乖乖回村子休『病假』，不會一解開鎖鏈就逃回聖殿。」

唸到一半，亞戴爾看見維達皺眉就感覺不妙，連忙又補上「隊長」的名義，這才見維達鬆開眉頭，終於願意動手解開亞戴爾身上的鎖鏈。

直到身上沒有鎖鏈，亞戴爾動動僵硬的手腳，無奈地說：「難道你以爲我會違反以光明神名義發下的誓言嗎？」

維達也覺得自己似乎有點過頭，不好意思地說：「我沒有那麼認爲，只是覺得你爲了太陽騎士長，什麼事情都做得出來。」

聽到這評語，亞戴爾感覺頗爲微妙，不知道這是在譴責自己對光明神不夠忠誠，還是稱讚他對隊長特別忠誠。

就當作是讚美吧！亞戴爾無力地辯解一句：「就算是爲了隊長，我也不是什麼事都做得出來的。」

維達皺眉說：「下藥、綁架和圍毆都做得出來了，還有什麼你做不出來？」

亞戴爾這才想起來，維達這小子以前曾經跑來跟蹤過自己一段時間。

當時……

♣♣♣

維達帶著剛整理好的犯人口供正要去交給審判長。

「快快去看熱鬧，亞戴爾在訓練場揍皇家騎士。」

維達停下腳步看向說話的人，那是暴風小隊的副隊長，埃林特，對方臉上正掛著大大的笑容，似乎十分開心皇家騎士正在挨揍。

維達納悶地詢問：「亞戴爾爲什麼在揍皇家騎士？」

或者應該問，皇家騎士爲什麼跑來聖殿的訓練場被亞戴爾揍？如果是單純來切磋，埃林特應該不會這麼興奮，簡直是開心過頭了，聖殿和皇家騎士的關係應該不差才對。

埃林特停下腳步，「嘿嘿」笑著分享前因後果。

「有一群皇家騎士上次酒醉後在酒館鬧事，烈火騎士長和大地騎士長正好在那裡，兩人聯手揍了他們一頓，後來他們趁著聖殿最忙的時候，組了個全是劍術高手的隊伍跑來說要挑戰烈火和大地小隊，當時兩隊都出聖殿做任務了，只剩下兩、三個人留守，所以就由綠葉小隊的副隊杜安卡再從綠葉和白雲小隊湊人上場迎戰，結果被打了一頓。」

維達聽得一愣一愣的，他最近是不是太埋首整理罪案，居然完全不知道有這事。

埃林特氣呼呼地說：「亞戴爾知道以後非常生氣，揚言如果上次來挑戰的人不過來和他打一場，他就要領著太陽小隊去皇家訓練場挑戰，到時候就會很難看！」

太陽小隊的實力眾所皆知，在十二聖騎士小隊中當之無愧地最強，同輩中只有被他們打的，沒有打得贏的，連審判小隊都是輸多贏少。

維達皺眉喃喃：「到底要怎麼訓練才能像太陽小隊那麼強呢？」

他們審判小隊的訓練量也不低，雖然平時審理罪案忙碌，但在審判長的要求和定期抽查下，沒有人敢在訓練上含糊。

對練輸給太陽小隊時，維達甚至會領隊發奮加練，然而還是輸多贏少，贏的時候多半還是兩位騎士長也下場時，靠著審判長的威能打贏。

維達甚至注意過太陽小隊在訓練場上的時間，也沒有比他們審判小隊來得長。

埃林特嘆氣：「畢竟太陽小隊領隊的人是被稱爲萬能副隊長的亞戴爾！還好我家隊長只要求我掌握全城小道消息，再來就是幫忙改公文，實力方面只要求我們腿功要到位，打不過沒關係，但一定要跑得掉，畢竟打聽八卦很容易挨揍，常常不小心就聽到會被滅口的消息。」

維達覺得暴風小隊聽起來也挺不容易的。

「亞戴爾的人際關係也挺好，太陽小隊常常幫我們探查消息，別看他現在正在揍皇家騎士，其實那些皇家騎士會乖乖過來挨揍也是因爲亞戴爾找其他交情好的皇家騎士交涉的結果。」

「他還很擅長處理公文，我家隊長抓狂的時候都是把公文丟回去給亞戴爾。」

最後，埃林特感嘆：「萬能副隊長眞是當之無愧。」

維達看看手上的罪案，突然覺得自己做得實在太少了，雖然訓練、查案和整理口供、罪案線索已經讓他不時得熬夜，但似乎仍遠遠比不上亞戴爾，到底該怎麼做得更好？總不能不睡覺吧？

維達不解地問：「到底要怎麼做才能像亞戴爾那麼好呢？」

埃林特一怔，建議：「要不然你去問問亞戴爾？」

「問過了，他只說我已經做得很好了。」

「我也覺得你做得不錯啊，審判長不是也沒有挑剔你嗎？」

維達搖頭說：「但我還是比不上亞戴爾。」

「是沒錯，但反正也沒人比得上他。」

埃林特十分樂天地說完，看見維達皺眉思考，似乎眞的很苦惱，他搔了搔臉提議：

「要不你就跟著亞戴爾看看他平常都在做什麼？」

維達認真考慮起來。

埃林特喃喃：「這多半還得偷偷跟蹤，亞戴爾不在聖殿的時候都不知道領著太陽小隊去哪了，總覺得神神祕祕的，問他也只說去酒館喝酒，哪有一天到晚去酒館的，我們的薪水也支持不了啊，噺——這還是別跟好了，要是發現眞相說不定會被滅口啊……維達？維達你去哪了？」

維達眞的去跟蹤亞戴爾了。

爲了不被發現，他還先找白雲小隊特訓一陣子，成果好得讓維達懷疑自己是不是入錯小隊，連路齊都稱讚他學得又快又好。

反、反正身法對劍術實力也有幫助，他絕對沒有入錯小隊！

學好跟蹤技能後，維達向審判長請假一週，審判長倒是沒多說什麼就准假了。

維達穿上刃金小隊副隊長克雷格提供的黑色緊身服，在亞戴爾離開聖殿後悄悄跟上。

亞戴爾的腳步頓了一頓。

又來了，那種被人窺視的感覺，他把一塊石子踢到路邊，假裝停頓的原因是踩到石頭。

但怎麼也找不出跟蹤者，若不是艾德也說有同樣感覺，亞戴爾眞會認爲是最近做的任務太多，導致自己產生會被報復的錯覺。

前天是對人下藥灌醉套話，昨天則潛入莊園綁架一個明面爲貴族養子，實則被暗地培養的刺客，今天的任務是圍毆一個皇家騎士。

那傢伙當初在酒館帶頭酒後鬧事被烈火和大地騎士長揍了以後還敢帶人來聖殿揍綠葉小隊副隊長杜安卡，雖然亞戴爾已經報復回去，但隊長並不滿意。

「綠葉在我房門上釘稻草人三天了，你去把帶頭人多揍幾頓，揍到他哭著跟綠葉的副隊長道歉爲止。」

隊長帶著黑眼圈下令。

窺視的感覺越來越重，亞戴爾遲疑要不要繼續前往目的地，但最終決定將計就計，他走到一個偏遠的小巷入口，在巷口用身體遮擋著比了幾個手勢後走進去，太陽小隊的隊員已經在裡面揍人一段時間了。

艾德一看見亞戴爾就立刻跑過來報告：「副隊，任務完成！」

亞戴爾點了點頭，看著隊員們熟練地將布袋裡的人拖出來，對方已昏迷不醒，他蹲下檢查一番確認人不會因傷重死亡，隨手又補上兩個治癒術治療傷勢比較重的部位。

「艾德，檢查周圍有沒有落下任何證據指向我們，其他人把這傢伙丟到皇家訓練場門口，在旁邊躲著看到他被超過一個以上的人帶進去爲止。」

艾德笑嘻嘻地說：「放心吧亞戴爾，我們圍毆是專業的，打得人痛不欲生卻死不了，也絕對不會給人趁機栽贓我們殺人的機會。」

「我知道，但這事要更謹慎點，之前那個養刺客的貴族可能在懷疑聖殿了，或許會趁機下手……」

亞戴爾邊下指示邊走向巷口，在經過陰影處時猛然揮出拳頭，卻還是被躲過去了，對方閃過拳頭後扭頭就往巷口跑，完全沒有打算回手的意思。

巷口卻跳下兩名聖騎士阻擋他的去路。

「總算抓住你了。」

亞戴爾冷笑一聲後拔出劍來，這幾天他做的事情太多了，如果都被這人看見，那絕對不能放對方走，活不活得先把人抓回去看隊長的意思。

太陽小隊的隊員熟練地縮緊包圍圈，就算這人能飛天遁地都逃不出去——這話是真的，他們還抓過會飛的魔法師。

對方緊張地高喊：「等、等等！」

亞戴爾正要過去先揍一頓再說，對方就脫下面罩露出一張過於年輕的熟悉臉龐。

「維達？」

維達緊張地點頭，卻驚悚發現太陽小隊並沒有因此放鬆包圍圈，他緊張得全身僵硬，感覺地上鼻青臉腫昏迷的人就是自己等等的模樣。

「你爲什麼要跟蹤我？」

亞戴爾覺得事情不太妙了，如果最近一直在跟蹤他的人是維達，難道是審判長發現隊長解決任務的手段太過陰暗，心生不滿，所以派維達過來監視？

又或者更糟，難道是審判長想抓住隊長陰私手段的證據嗎？

回想隊長私底下說起審判長時是一種毫無顧忌的語氣，兩人的交情顯然非常好，完全不是外傳太陽騎士與審判騎士互相交惡的狀況。

亞戴爾決定先聽維達說說看，於是收劍讓對方不再緊張到說不出話來。

周圍的太陽小隊成員重新恢復笑臉後，維達這才感覺自己有存活的機會，他立刻簡單明瞭地解釋：「我在觀摩和學習如何當好一個副隊長！」

亞戴爾沒想到會聽到這種答案，雖然覺得這像是個藉口，但維達之前就問過自己該怎麼做好一個副隊長，再想想他的個性，還眞有可能就是這個原因。

亞戴爾深呼吸一口氣，嚴正要求：「你見到的事情不能說出去。」

維達堅定地拒絕這個要求：「我會告訴審判長！」

這幾天見到的事情實在太顚覆他對太陽小隊的認知，明明平常在聖殿見到的時候都覺得他們很和善，總是笑臉迎人，但這幾天卻讓他覺得太陽小隊的隊員個個比自己更像審判小隊！

亞戴爾沉默一陣後說：「我也必須跟隊長報告你和審判長都知道了，但隊長會怎麼做，我就不知道了。」

看著維達蒼白著臉卻仍倔強點頭，亞戴爾感到無奈，不知道隊長會怎麼處置這小子，看在審判長的份上，不至於太過分吧？頂多是圍毆，喔，可能還有威脅不許說出去。

兩人分頭回聖殿報告自家隊長。

審判長聽完整件事後問：「你爲什麼要去跟蹤亞戴爾，是聽到什麼事嗎？」

維達搖頭，坦誠：「我想跟他學習如何當一個好副隊長，用問的問不出所以然，才想跟著亞戴爾看看他到底是怎麼做的。」

那也不至於要跟蹤吧？雷瑟知道自家副隊長有時確實太直拗，沒糾結他的做法太過火，只是好笑地問：「學到什麼了嗎？」

「……」維達不敢說學到了，眞學到了也不敢做，他不知道亞戴爾爲什麼敢做，但他知道自己如果敢幹出下藥、圍毆和綁架這種事，下次進審判所的人說不定就是他自己。

審判長莞爾，說道：「你不須要學亞戴爾，我的副隊長需要有足夠耐心且細心在案發現場地毯式搜尋，歸納統整罪案的細節，推敲所有可能性，協助我做下最正確的判案。」

維達一怔，這就是他平常在做的事情。

審判長直說：「你已經是一個好副隊長了，不須要去學別人。」

聽見這話，維達雙目炯炯有神地回答：「是！」

說完，他遲疑地詢問：「隊長，我發現太陽騎士長做的那些事，須要去道歉並發誓會保守祕密嗎？」

審判長只回了一句：「不用管他。」

♣♣♣

就算隊長說不用管，但維達當時還是戰戰兢兢好一段時間，差點都不敢出審判所，遠遠看見太陽小隊成員就想扭頭跑掉，總覺得自己可能也會被下藥綁走圍毆威脅要保守太陽騎士長的祕密。

結果什麼事情都沒有發生，後來見到太陽騎士長，對方也完全沒有異狀，還是那個溫和微笑的太陽騎士長。

好一陣子後，維達才恢復常態，但再也沒有說要當個像亞戴爾那麼好的副隊長，那是眞當不了。

馬車上，維達忍不住問：「你當時把這件事告訴太陽騎士長了嗎？」

「當然。」

「太陽騎士長沒有生氣？」

亞戴爾無奈地說：「他沒有氣你，但罵了我一頓，說我被跟蹤這麼多天才抓到人，哪天被人暗中跟上尋仇怎麼辦？還把我們整支小隊交給白雲騎士長特訓反跟蹤。」

維達不解地問：「太陽騎士長眞的什麼都沒說？至少要求我保密——」

「不用管他。」

維達一怔。

亞戴爾兩手一攤：「隊長就是這麼說的，我後來覺得你家隊長可能比我還熟我家隊長到底做過什麼事，隊長根本就不擔心你告訴審判長。」

維達一怔，想到審判長說了完全相同的一句「不用管他」，他點了點頭不再糾結。

「哎，這次隊長失蹤讓我特別擔心，確實該讓隊長知道不能再自己去做危險的任務，我想審判長應該也是這想法，所以才會把隊長關進禁閉室，希望他下次不要再獨自冒險了。」

維達理解地點頭，果然亞戴爾會乖乖回村還是爲了太陽騎士長。

亞戴爾面上微笑，心裡卻暗自打算。審判長的懲罰沒錯，但讓隊長改一個月的公文太久了，最多一個禮拜……不，這次事件太嚴重，就讓隊長自己改公文半個月，他再偷偷潛回聖殿幫隊長改公文！

亞戴爾決定好潛回聖殿的時間點後，淡定地和維達閒聊：「審判長有讓你擔心的時候嗎？例如自己跑去追查罪犯？」

維達認眞想了想，搖頭說：「隊長幾乎不曾單獨去追查罪犯，他說每個人注意的細節不同，所以多帶人去比較容易發現線索，每次到犯罪現場都至少有十名審判小隊成員。」

亞戴爾羨慕地嘆道：「眞好呀，我們小隊已經能打探潛入偵查下藥綁架圍毆，但隊長卻還是有任務會私下獨自去做。」

聞言，維達完全不敢問太陽騎士長私下獨自去做的任務內容到底是什麼，比亞戴爾說的那些事情更嚴重嗎？

知道會被滅口的，眞的！

亞戴爾微笑，維達僵著臉，這天是聊不下去了。

無言的兩人乾脆倒頭補眠，直到深夜，馬車才抵達亞戴爾居住的村子，那是一座森林邊上的小村落，夜晚的村子十分安靜，只有幾名村民守夜，偶爾從林中傳來鳥鳴，看起來十分與世無爭。

「你去聖殿之前都在村子裡做什麼？」

維達有點不能理解，這樣的小村子到底是怎麼養出亞戴爾這麼強的劍術高手？難道眞的是天分使然，讓亞戴爾不用從小練劍，只在聖殿短短幾年就趕上嗎？

「就砍砍柴、打獵、扛水，或者幫忙修理東西。」

亞戴爾隨口回答，跳下馬車時，守夜的村民一個個圍過來迎接。

村民開心地說：「亞戴爾你回來啦！真是太好了，最近的柴實在太多，不砍不行了呢，你回來正好可以領隊去砍柴！」

維達有點懷疑對方是不是口誤了。

柴太多了，不砍不行？這話聽起來怎麼好像不太對？

「不用領隊，這是我的聖騎士同袍，他很強的，我們兩個去砍柴就夠了。」

亞戴爾轉頭說：「維達，現在時間晚了，你幫我砍個柴，明天再回聖殿行嗎？你可以在馬車上補眠。」

維達點了點頭，反正馬車夫也不能連夜趕路，他勢必明天才能回程，幫忙砍個柴是小事。

反正半夜不睡覺這種事情，他很常做，只是從整理罪案變成砍柴而已，完全沒有問題——才怪！

「你說這是柴？」

維達砍下一支樹妖揮過來的巨大樹幹，再閃過另一隻樹妖的抱殺，趁空隙對著亞戴爾怒吼。

「嗯，砍下來晾乾就能燒。」亞戴爾在另一頭喊：「千萬別把柴砍死了，只要砍四肢留下頭，牠們明年會長好，就又有柴可以砍了。」

「……明白。」

亞戴爾邊砍柴邊喊：「砍完柴再去打獵吧，我難得回來一趟，要幫村民把砍柴打獵挑水都做一做才行。」

維達再也不信「打獵」和「挑水」一詞真是字面上的意思。

「你們村子打獵打的是什麼？」

「魔獸。」

「……」

「挑水？」

「呃，真是水，只是水源附近常常可以撿到落難跑不出森林的冒險者，就順便帶他們出來。」

亞戴爾無辜地說：「誰讓我的村子在冒險者最愛的探險森林旁邊。」

難怪你這麼強，原來是從小訓練！

維達一個失手砍下樹妖的頭。

「別砍頭啊！好好，你高興砍幾顆頭都沒關係，別瞪我了，反正樹妖很多……」

〈副隊長〉完

# 結語

御我檢視前面寫過的番外篇，似乎偏嚴肅主題居多，就算是比較歡樂一點的〈拾光〉也有不少嚴肅的部分，所以這次的〈副隊長〉決定來上點輕鬆好笑的菜色，讓大家看看聖騎士日常的歡樂。

但還是不小心寫到太陽小隊陰森森的那面，也順便讓大家看看內文中被提過的格里西亞和太陽小隊私下的任務。

另外，這篇也釋出很多副隊長的名字，因爲在社群聊天中發現大家對副隊長都挺好奇的，所以就在番外篇讓大家看看副隊長們各是什麼模樣，也補上一些名字。

但大家不用擔心一定要記住副隊長們的名字喔！

就算他們後面有再次出現，我也會用各種方式提醒大家他們是哪個小隊的副隊長，不會單單出現一個名字完全不說他的身分。

所以請放心，有沒有記住名字都沒問題的！

喜歡的名字就記記，不想記也完全沒關係！

畢竟作者都要貼小抄寫稿，不會考驗大家的記憶力的！
我自己都沒有那種東西啊！

來御我家逛逛吧～

御我

The Legend of Sun Knight
吾命騎士
完美副隊長學習法
「你已經是一個好副隊長了。」

*The Legend of Sun Knight*

# 吾命騎士 副隊長

作　　者　御我
插　　畫　J.U.
封面設計　莊謹銘
責任編輯　林珮緹
總 編 輯　黃致雲
發 行 人　陳常智
出 版 社　魔豆文化有限公司
發　　行　蓋亞文化有限公司
地址：台北市103承德路二段75巷35號1樓
電話：02-2558-5438　傳眞：02-2558-5439
電子信箱：gaea@gaeabooks.com.tw
投稿信箱：editor@gaeabooks.com.tw
郵撥帳號 19769541　戶名：蓋亞文化有限公司
法律顧問　宇達經貿法律事務所
出　　版　2025年02月

魔豆

魔豆